KB154816

우리는 당신들이 불태우지 못한 마녀의 후손들이다

우리는 당신들이 불태우지 못한 마녀의 후손들이다
Witches, Witch-hunting, and Women

지은이   실비아 페데리치
옮긴이   신지영, 김정연, 김예나, 문현

펴낸이   조정환
책임운영   신은주
편집   김정연
디자인   조문영
홍보   김하은
프리뷰   김미정·박서연
초판 1쇄   2023년 3월 8일
초판 2쇄   2023년 8월 14일
종이   타라유통
인쇄   예원프린팅
라미네이팅   금성산업
제본   제이앤디바인텍
ISBN   978-89-6195-314-6 03300
도서분류   1. 페미니즘 2. 사회운동 3. 여성학 4. 역사 5. 자본주의
값   15,000원
펴낸곳   도서출판 갈무리
등록일   1994. 3. 3.
등록번호   제17-0161호
주소   서울 마포구 동교로18길 9-13 2층
전화   02-325-1485
팩스   070-4275-0674
웹사이트   www.galmuri.co.kr
이메일   galmuri94@gmail.com

일러두기

1. 이 책은 Silvia Federici, *Witches, Witch-Hunting, and Women*
    (Oakland, CA : PM Press, 2018)을 완역한 것이다.
2. 외국 인명과 지명은 원어 발음에 가깝게 표기하려고 하였으며,
    널리 쓰이는 인명과 지명은 그에 따라 표기하였다.
3. 인명, 지명, 책 제목, 논문 제목 등 고유명사의 원어는 맥락을
    이해하는 데 원어가 꼭 필요하다고 생각되는 경우를 제외하고는
    본문에서 원어를 병기하지 않았으며 찾아보기에 수록하였다.
4. 영어판에서 이탤릭체로 강조된 것은 고딕체로 표기하였다.
    단, 영어판에서 영어가 아니라서 이탤릭으로 강조한 것은
    한국어판에서 강조하지 않았다.
5. 단행본과 정기간행물 제목에는 겹낫표(『 』)를, 논문과 강연 제목에는
    홑낫표(「 」)를 사용하였다.
6. 지은이 주석과 옮긴이 주석은 같은 일련번호를 가지며,
    옮긴이 주석에는 * 표시했다.
7. 원서의 대괄호는 〔 〕를 사용하였고, 옮긴이가 덧붙인 내용은 [ ] 속에 넣었다.
8. 인용문 중 기존 번역이 있는 경우 가능한 한 기존 번역을 참고하였으나
    전후 맥락에 따라 번역을 수정했다.

차례

우리는
당신들이
불태우지
못한
마녀의
후손들이다

한국의 독자들에게 『우리는 당신들이 불태우지 못한 마녀의 후손들이다』를 소개하게 된 것을 대단히 기쁘게 생각합니다. 나는 지난 수십 년간 마녀, 마녀사냥과 여성[1]의 문제를 연구해 왔습니다. 그 결과 나는 소위 '마녀'에 대한 박해가 과거와 현재의 가부장적 권력의 주요 표현 중 하나라는 것을, 그리고 자본주의 사회의 역사에서 여성에게 가해진 평가절하의 주요 수단 중 하나라는 것을 그 어느 때보다 더 확신하게 되었습니다. 또 마녀사냥은 식민주의의 경로를 따라 전 세계로 확산되었고, 수많은 여성에게 파괴적인 결과를 초래하는 현상으로 계속해서 되돌아오고 있습니다. 예를 들어, 2000년부터 현재까지 최소 2만 명의 여성이 마녀로 몰려 살해당한 것으로 추정되는데 이

---

1. * 이 책의 영어판 제목은 "마녀, 마녀사냥, 그리고 여성"(Witches, Witch-hunting and Women)이다. 한국어판에서는 저자 실비아 페데리치의 동의를 받고 제목을 변경했다.

는 매우 보수적인 추정치로 인정되고 있습니다. 따라서 이러한 박해가 일어나는 원인, 박해를 야기하는 조건, 박해를 추동하는 논리와 정치를 이해하는 것, 그리고 지식과 역사와 저항의 사례를 공유하면서 이를 종식시키기 위해 힘을 모으는 페미니스트 네트워크를 구축하는 것이 결정적으로 중요합니다.

'여성살해'feminicide에 반대하는 페미니스트 운동이 커지고 있지만, 적어도 유럽과 미국의 언론에서 마녀사냥은 여전히 외면받는 주제입니다. 대신 '마술'witchcraft이 성별 특정적인 혐의였던 한에서 마녀사냥을 역사적으로 '모든 여성에 대한 전쟁'으로 볼 수 있다는 인식이 페미니스트 사이에서 확산되고 있습니다. 그리고 젊은 세대의 페미니스트 중에서는 마녀라는 형상을 교회와 국가에 대한 여성 반란의 사례로 간주하면서 마녀의 형상과 스스로를 동일시하는 사람들이 생겨났습니다. 그리하여 많은 시위 현장에서 "우리는 당신들이 불태우지 못한 모든 마녀의 후손들이다"라는 슬로건이 울려 퍼지고 있습니다. 한편 새로운 기획들이 진행되어 왔습니다. 프랑스에서는 여성살해의 '세계사'를 쓴 책이 최초로 출판되었습니다.[2] 2016년 스

2018년 3월 8일 스페인 카탈로니아의 국제 여성의 날 시위. 가장 오른쪽의 피켓에 스페인어로 "우리는 당신들이 불태우지 못한 마녀의 후손들이다"가 적혀 있다.

페인에서 페미니스트 그룹들이 모여 마녀사냥의 역사를 재구성하기 위한 프로젝트를 시작했습니다. 2022년 10월에 우리는 마드리드에서 두 번째 회합을 열었습니다.[3] 우리는 마녀사냥 당시 박해받은 여성들이 누구였는지, 이 박해가 이후 세대들에 어떤 영향을 미쳤는지, 그리고 그 역사가 마녀사냥이 재발하고 있는 현실에 대해서 우리에게 무엇을 가르쳐줄 수 있을지를 연구하는 작업을 하고 있습니다.

인도, 서아프리카, 에콰도르, 그리고 스페인의 여러 지역에서 온 증언과 세일럼 마녀재판[4]을 재구성하는 작업을

---

2. * 다음의 책을 말하는 것으로 보인다. Christelle Taraud eds., *Féminicides : Une histoire mondiale* (Paris : La Découverte, 2022). 실비아 페데리치도 이 책에 필자로 참여했다.

3. * 콜롬비아, 스페인, 미국 등 여러 나라의 페미니스트 그룹이 함께하는 〈마녀로 고발당한 여성들을 기억하기 위한 캠페인〉(Campaña por la memoria de las mujeres perseguidas por brujería)이 〈공통장 재단〉(Fundación de los comunes), 스페인 마드리드의 레이나 소피아 국립미술관과 함께 조직한 '마녀사냥에 대한 제2차 국제 페미니스트 회합. 식민주의, 채굴주의, 그리고 여성에 대한 폭력'은 2022년 10월 28일부터 29일까지 마드리드에서 열렸다. 자세한 정보는 다음 링크에서 볼 수 있다. http://memoriadelasbrujas.net/ii-encuentro-feminista-internacional-sobre-la-caza-de-brujas/.

4. * 세일럼 마녀재판(The Salem witch trials)은 1692년 2월부터 1693년 5월까지 북아메리카 식민지 시대의 매사추세츠에서 진행된 마녀재판을 일컫는다. 200명이 넘는 사람이 기소당했고 30명이 유죄 판결을 받았으며 19명이 교수당했다. 처형당한 19명 중 14명은 여성, 5명은 남성이었다. https://

통해서 우리는 마녀사냥의 부상이 각 시대마다 어떤 상이한 방식으로, 자본주의 관계의 확장이 야기하는 사회·경제적 혼란을 동반하였는지를 추적하였습니다. 또 우리의 회합은 이 프로젝트에 참여하는 여성들의 네트워크를 넓히기 위해 앞으로 수개월, 수년 동안 진행할 일련의 작업도 계획했습니다. 중요한 과제 중 하나는 많은 경우에 전설이나 민담으로 마녀사냥을 알고 있는 새로운 세대를 위한 교육자료를 제작하는 것입니다.

이 프로젝트를 시작한 이후 수집한 모든 증거는 다음과 같은 사실을 확인시켜 줍니다. 현재의 박해의 뿌리에는 세계 경제의 신자유주의적 구조조정으로 인해 세계 각국에서 발생한 혼란이 있습니다. 이는 대량 빈곤화와 공동체 관계의 파괴를 초래하였고 사람들이 자기 삶의 경제적 조건에 치명적인 변화를 가져온 세력이 무엇인지를 이해하기 어렵게 만들었습니다. 예를 들어서 우리는 토지 사유화가 빠른 속도로 진행되고 있고 많은 공유지communal lands가 광산 기업이나 농업 관련 기업들의 수중에 들어가는 상황

---

en.wikipedia.org/wiki/Salem_witch_trials

에서 마녀 고발의 근원에 토지 분쟁이 있는 경우가 많다는 점에 주목해야 합니다.

『우리는 당신들이 불태우지 못한 마녀의 후손들이다』는 이러한 상황에 대응하기 위한 방법을 모색합니다.

이것은 이 책의 7장인 「현재 아프리카에서 일어나고 있는 마녀사냥, 지구화 그리고 페미니스트 연대」의 주제이기도 합니다. 이 글은 2009년에 작성되었지만 여전히 시대에 뒤떨어지지 않은 주제를 다루고 있습니다. 오히려 그 반대라고 할 수 있습니다. 7장이 조명한 사회적 동학 — 아프리카 대륙을 비롯하여 여러 곳에서 부채 위기와 '채무국'에 부과된 구조조정 프로그램의 여파로 전반적인 빈곤화와 강탈의 과정이 일어나고, 그에 뒤이어서 지역 갈등이 확산되는 현상 — 은 더욱 확대되고 강화되었을 뿐입니다. 앞서 언급했듯이, 마녀 고발의 핵심에는 소유되고, 상속되고, 분쟁의 대상이 되는 토지라는 문제가 있습니다. 가용 자원이 점점 축소되고 그로 인해 성별 위계가 심화되면서, 이는 가장 취약한 계층, 특히 '비생산적이고 가족과 지역사회에 쓸모없는 존재'로 간주되는 나이 든 여성을 제거하라는 선동으로 이어집니다. 페미니스트들은 각각의 마녀사냥 사건은 그

자체로 범죄임이 분명하지만 개별적인 사례들에 그치는 것이 아니라 훨씬 더 광범위한 결과를 초래하는 범죄라는 점을 말하면서 결집하고 있습니다. 왜냐하면, 가해자들이 면책특권을 누리는 것은 여성이 쉬운 표적이며 여성을 상처 입히고 괴롭히더라도 그에 대해서 별반 책임을 지지 않아도 된다는 메시지를 보내는 것이기 때문입니다. 또한, '여성 해방과 여성 인권'에 대한 립서비스들이 넘쳐나고 있음에도 불구하고 실제로는 여성 인권에 대한 백래시를 목격하고 있는 오늘날, 마녀 고발 위협은 우리의 자율성을 더욱 축소하는 훈육의 메커니즘으로도 기능합니다.

예를 들어, 일본에서 유명 정치인의 성추행 혐의를 제기한 여성들이 그녀들의 고발 행위를 마녀사냥이라고 묘사하는 악의적인 캠페인의 피해자가 되었다는 소식은 놀랍지 않습니다. '미투' 운동의 확산에도 불구하고 미국에서도 살인과 성폭행 사건이 계속 증가하고 있는 것은 여성에 대한 폭력이 자본주의 사회의 구조적 요소이며, 광범위하고 대규모적인 체제 변화만이 이를 근절할 수 있다는 것을 보여주는 증거입니다. 이러한 맥락에서 일부 유럽 정부가 과거 '마녀'에 대한 처형이 실제로 국가 범죄였다는 사실을 인정하기 시작한 것으로는 결코 충분하지 않습니다. 마녀사냥에 대한 전통적인 침묵을 깨는 것은 환영할 만한 일이지만, 여성에 대한 지속적인 폭력을 종식하겠다는 진정한 의지가 동반되지 않는다면 그것은 공허한 제스처에 그칠 따름일 것입니다.

2023년 2월
실비아 페데리치

:: 감사의 말

　이 책은 카밀 바르바갈로의 노고와 격려, 조언 덕분에 출간될 수 있었다. 그녀는 여러 번의 수정 작업 동안 추가되는 자료들을 읽어주었고 제안과 통찰을 보태어 이 책을 연속된 내용의 단행본으로 만들어내는 데 도움을 주었다. 또 예술가들이 이끄는 단체인 〈아이들 우먼〉[1]을 꾸려가는 사람들인 레이철 앤더슨과 씨스 오보이에게 특별히 감사를 전하고 싶다. 그들이 나에게 '가십'의 의미 변천사에 대한 글을 청탁해주었다. 키어스튼 두푸르 앤더슨과 그녀

---

1. * 단체 〈아이들 우먼〉(Idle Women)은 잉글랜드 북서부 랭커셔에서 활동하는 "모든 여성을 위해 활기 있고 모험적인 공간을 창출하는 예술 및 사회정의 프로젝트"이다(http://idlewomen.org). "Idle Women"(한가한 여성들)이라는 단체명은 2차 세계대전 당시 석탄과 군수물자의 수로 수송 노동을 했던 여성들에게 붙은 멸칭을 재전유한 것이다. IW(Inland Waterways, 내륙수로)라는 이니셜이 박힌 배지를 달고 일하는 이 여성들을 보고 남성 운하 노동자들은 IW가 idle women(한가한 여성들)의 약어라며 조롱했다. 〈아이들 우먼〉 창립자 레이철 앤더슨과 씨스 오보이의 다음 인터뷰를 참조. https://www.opendemocracy.net/en/5050/we-are-granddaughters-of-witches-you-weren-t-able-to-burn/

가 코펜하겐에서 운영하는 예술센터에서 만난 (이름이 기억나지 않는) 여성들에게도 고맙다는 말을 전하고 싶다. 그들은 [이 책의 1장에 수록한] 「한여름의 노래」Midsommervisen의 원문과 번역문을 제공해 주었다. 또 표지 디자인을 한 조쉬 맥피, 책을 공동으로 출판한 PM 출판사의 램지 카난과 아우또노미아 출판사의 짐 플레밍, 커먼노우션스 출판사의 말라브 카누가에게 감사드린다. 무엇보다 최근 몇 년간 『캘리번과 마녀』[2]에 열렬한 호응을 보여주고 '시초축적'기의 마녀사냥과 또다시 급증하고 있는 여성 폭력 사이의 연관성을 즉각 포착해낸 많은 젊은 여성들에게 고맙다는 말을 전하고 싶다. 다음의 유명한 슬로건을 당당하게 외치는 모든 사람에게 이 책을 바친다. "우리는 당신들이 불태우지 못한 모든 마녀의 후손들이다."[3]

---

2. [한국어판] 실비아 페데리치, 『캘리번과 마녀』, 황성원·김민철 옮김, 갈무리, 2011.

3. * We are the granddaughters of all the witches you could not burn. 원서의 영어판에는 스페인어 "somos las nietas de todas las brujas que no pudiste quemar"도 함께 쓰여 있다. 이 슬로건의 원래 출처는 세일럼의 마녀사냥을 배경으로 하는 Tish Thawer의 소설 *The Witches of BlackBrook*(Amber Leaf Publishing, 2015)이다.

    이 책에 수록된 글들은 새로 착수해야 할 연구의 초안을 그리고 있을 뿐이다. 그리고 1부만 보더라도 이미 『캘리번과 마녀』에서 다루었던 이론과 자료를 제시하고 있다. 그럼에도 불구하고 내가 출판을 결심한 데는 몇 가지 이유가 있다. 우선 최근에 나는 『캘리번과 마녀』의 핵심 주제를 재고찰하면서도 더 폭넓은 독자층이 접근할 수 있는 대중적인 소책자를 집필해달라는 요청을 종종 받았다. 그리고 개인적으로는 유럽 마녀사냥을 발생시킨 정치적·경제적 맥락을 이해하는 것과 특히 관련이 깊은 몇 가지 주제를 더 연구하고 싶다는 의욕도 있었다. 이 책에서는 두 가지 주제에 집중하였고 앞으로의 작업에서 나는 마녀사냥기의 이데올로기 선전선동으로 확립된 여성과 화폐의 관계, 마녀재판에서 아동들이 수행한 고발자와 피고발자의 역할, 무엇보다도 식민 세계에서 일어난 마녀사냥에 관해서 추가로 연구할 생각이다.

이 책은 수많은 마녀 고발을 발생시킨 사회적 환경과 동인이 무엇이었는지를 재검토한다. 특히 두 개의 주제를 집중적으로 살펴볼 것이다. 첫째는 마녀사냥과 당대의 토지 인클로저 및 토지 사유화의 관계이다. 이 시기에 농업을 상업적 모험으로 전환시키는 토지 소유자 계급이 형성되었고, 동시에 공유지 주변에 울타리가 세워지면서 발전 중인 자본주의 질서를 위협하는 거지와 유랑인구가 창출되었다. 이러한 변화는 경제에 영향을 미쳤을 뿐만 아니라 삶의 모든 면면을 탈바꿈시켰고 그 결과 사회적 우선순위, 규범, 가치들의 급격한 재배열이 일어났다. 둘째, 나는 여성의 섹슈얼리티와 재생산 역능에 대한 국가 통제가 확대되는 것을 통해 여성 신체의 인클로저가 심화된 것과 마녀사냥이 어떤 관계에 있는지를 논한다. 그러나 유럽 마녀사냥의 이 두 측면이 이 책에서 독립적으로 다뤄진다는 사실이 실제 삶에서 서로 관련이 없는 [문제였음을] 의미하지는 않는다. 왜냐하면 마녀로 고발당한 여성의 삶에서 빈곤과 성관습 위반 sexual transgression은 흔한 요소들이었기 때문이다.

『캘리번과 마녀』에서와 마찬가지로 이 책에서 나는 경제생활의 자본화로 가장 궁핍해진 집단이 여성이었고 엄격한 사회통제 형태를 부과하기 위해서는 여성의 섹슈얼리티와 재생산 역능을 규제하는 것이 필요했기 때문에 마녀사냥이라는 박해가 주로 여성을 대상으로 자행된 것이라는 점을 강조한다. 그러나 이 책에 수록된 세 편의 글은 나라와 공동체를 지배하는 남성들에게 여성이 두려운 존재였다는 사실에 주목하면서 여성은 단지 피해자이기만 했다는 관점에 대해서 문제를 제기한다. 이 책의 도입부에 수록한 두 편의 글 「마녀사냥과 여성의 힘에 대한 공포」(4장), 「마녀사냥, 인클로저, 그리고 공유 재산 관계의 종말」(3장)은 권력자들이 여성의 반란과 매혹하는 힘을 두려워했다는 점을 강조한다. 그리고 「'가십'의 의미에 관하여」(5장)는 가십이라는 단어의 의미 전환을 추적한다. 여성 간의 우정이라는 긍정적 함의의 단어가, 마녀사냥이 최전선에서 이끈 여성의 사회적 지위의 평가절하와 더불어 '유해한 말'을 지칭하는 부정적인 함의를 갖게 되었다.

　이 글들은 더 많은 조사와 연구를 필요로 하는 주제들을 개괄하는 데 그친다. 그러나 나는 다른 우려들 때문에 좀 더 철저한 탐구를 미룰 수밖에 없었다. 우리가 현재 목격하고 있듯이 최근 여성에 대한 폭력이 눈에 띄게 증가했고 그 원인이 무엇인지를 규명해야 할 긴급한 필요 때문에 나의 과거사 연구는 계속 중단되었다. 이 책의 2부에서는 이 새로운 폭력 형태들의 지도를 그려보았고 그것이 자본주의 축적의 새로운 형태와 어떤 관련이 있는지를 살펴보았다. 이 책의 6장 「지구화, 자본 축적, 여성에 대한 폭력 : 국제적, 역사적 관점」이 이 주제를 다룬다. 이 글은 2016년 4월 콜롬비아의 부에나벤뚜라에서 열린 여성살해 femicide에 관한 포럼에서 발표했던 것이다. 2부에 수록된 다른 한 편의 글은 2008년에 작성된 것으로 세계 경제의 전 지구화를 열어젖힌 개발들과 함께 세계 곳곳에서 마녀사냥이 재출현하는 상황을 고찰하였다.

'마녀사냥'이라는 말이 유럽 각국의 법전에 등장하고 마녀로 지목당한 여성이 대대적인 박해의 표적이 되기 시작한 지 5세기가 넘게 지났다. 오늘날 여성이 마녀로 몰려 공격당하고 살해당하는 일이 벌어지는 대부분의 국가들에서 정부는 이러한 범죄[가 발생하고 있다는 점를 인정하지 않는다. 그럼에도 불구하고 우리는 이 새로운 박해의 근본 원인이 되는 요소들이 16, 17세기의 마녀사냥과 많은 부분 동일하다는 점을 확인할 수 있다. 종교와 우리 시대에 되살아난 극단적인 여성혐오적 편견들이 이데올로기적인 명분을 제공하고 있다.

이 책의 7장인 「현재 아프리카에서 일어나고 있는 마녀사냥, 지구화 그리고 페미니스트 연대」를 처음 발표한 것은 2008년이었다. 그 이후로 마녀로 지목받아 살해당한 여성들의 숫자가 큰 폭으로 증가했다. 탄자니아에서만 한 해에 5천 명이 넘는 여성이 마녀라는 이유로 마체테 칼에 죽임당하거나 산 채로 묻히고 불태워진다. 몇몇 국가의 감옥은 마녀 고발을 당한 여성들로 가득하다. 중앙아프리카 공화국이 그러한 사례인데 그곳에서는 2016년에 반란군 병사들이 100명이 넘는 여성을 불태워 죽이는 일이 있었다. 이들은 마녀 고발을 당한 여성에게 처형당하기 싫으면 돈을 내놓으라고 협박한다. 16세기 마녀 감별사의 후예라고 불러도 좋을 이들에게 마녀 고발은 돈벌이 수단이다.

인도에서도 마녀 살해는 걷잡을 수 없이 퍼지고 있다. 특히 아디바시 지역처럼 토지 사유화가 대규모로 진행되고 있는 '부족 토지'tribal lands들에서 상황이 심각하다.[1] 이

---

1. * 아디바시(Adivasi)는 인도의 토착민, 그중에서도 부족 생활을 하는 사람들을 지칭한다. 인도 인구의 8.6%를 차지한다. 대부분은 깊은 숲속에서 자

런 현상은 확산되는 중이다. 네팔, 파푸아뉴기니, 사우디아라비아에서도 마녀 살해 사건이 보고되고 있고 ISIS도 '마녀'를 처형했다. 16세기 당시와 마찬가지로 테크놀로지가 박해에 기여하고 있다. 오늘날 인터넷에서 마녀 살해 영상과 마녀 감별법 안내서를 다운받을 수 있고 현대의 자칭 마녀 색출꾼 중에서는 마녀를 컴퓨터로 '감별하는' 사람도 있다고 한다!

그러나 2008년과 비교하여 중요한 변화가 있다면 새로운 마녀사냥에 대한 여성의 저항이 거세졌다는 점이다. 무엇보다 인도에서는 여성들이 마을에서 마을로 다니면서 지역 당국자, 마녀 감별사, 그리고 신비주의에 빠진 것으로 보이는 다른 여러 박해자가 퍼뜨리는 마녀의 존재에 관

급 농업, 사냥, 수렵채집으로 살아왔는데 20세기 초에 영국 식민정부가 부족 토지에 들어가 경작하는 사람들에게 토지 소유권을 주기 시작했다. 하지만 토지는 필요한 사람은 누구나 쓸 수 있는 공통재라고 보았던 부족민들은 토지에 대해서 소유권을 부여받을 필요를 느끼지 못했고 그 결과 많은 땅을 빼앗겼다. 이후의 정부들에서 부족 토지 판매 금지 등의 조치가 있었고 부족민들이 일부 토지를 되찾았지만 다음의 기사가 보여주듯이 투쟁은 계속 진행 중이다. Manoj Viswanathan, "Tribals of Kerala to announce second land struggle on February 19", *The New Indian Express*, 2023년 2월 14일 수정, 2023년 2월 21일 접속, http://bit.ly/3xEqKwo. 아디바시에 대한 설명은 위키피디아를 참조했다. https://en.wikipedia.org/wiki/Adivasi

한 유언비어를 반박하는 활동을 한다. 또 대체로 살인자 고발에 대해서 미온적인 태도를 보이는 정부 관계자를 압박하고 증거를 수집하는 활동을 하는 여성들도 있다. 미국에도 새로운 마녀사냥에 관한 정보가 서서히 확산되고 있다. 지금까지 마녀사냥에 대한 미국인들의 관심은 (가족을 포함하여) 자신이 속해 있던 공동체에서 영구 추방된 여성 수백 명이 피난해 있는 북부 가나의 마녀 수용소로 집중되었다. 마녀사냥을 주제로 하는 책과 다큐멘터리는 대부분 저널리즘적 시각에 머물러 있지만, 여러 측면에서 '재식민화'의 과정과 다르지 않은, 아프리카 경제의 신자유주의화가 초래한 변화와 여성이 직면한 새로운 공격이 서로 관련이 있다는 점은 포착하고 있다. 아쉽게도 아직은 이러한 분석들이 그다지 반향을 일으키지 못하고 있다.

여성 폭력의 새로운 형태들에 대한 분석이 필요한 만큼 새로운 마녀사냥들에 대한 분석 역시 필요한 시점이다. 이것은 오늘날 전 지구적으로 발생하는 현상이기 때문에 광범위하고 지속적인 노력이 요구된다. 이 과업에 박차를 가하고자 뉴욕에서 우리는 새로운 폭력 피해의 형태들뿐만 아니라 그에 맞서는 새로운 저항 형태의 정보도 교환하

고 유통하면서 유사한 기획이 서로 만날 수 있도록 웹사이트를 열었다.[2]

저항을 이어간다는 의미에서, 나는 마녀사냥의 과거와 현재를 함께 사유하고 싶다는 나의 욕구의 원동력이 되는 또 하나의 요소를 언급하면서 이 서문을 마치고자 한다. 유럽 각지에서 마녀사냥이 상업적인 관광 상품으로 취급되고 있는 현실에 관해서이다. 여성 수십 명의 처형이 발생한 유명한 마녀재판, 마녀박해 현장의 기념품점에는 마녀 형상의 인형이 끝없이 전시되어 있으며 마녀사냥꾼들이 창조하여 수천수만 명의 여성을 죽게 만든 바로 그 고정관념을 그로테스크하게 재생산하고 있다. 관광객에게 판매 중인 인형, 접시, 수건, 커피 잔 등의 상품은 앞으로도 수년간 새로운 세대의 상상력에 영향을 미칠 이데올로기와 왜곡된 역사를 선전하고 있다. 상인들은 조작된 역사를 판매하면서도 그것의 유해성에는 무관심하며 이 끔찍한 제품들을 계속 전시하고 있다. 왜냐하면 나의 항의에 한 판매자가 답했듯이 "인기 상품"이기 때문이다. 또 다

---

2. * 다음의 사이트를 말하는 것으로 보인다. 〈폭력에 대한 페미니스트 연구 플랫폼〉 https://feministresearchonviolence.org/

른 이유는 소수의 예외를 제외하고[3] 유럽 정부와 정치 계급 및 교회의 대변자들이, 전임자들이 여성을 대상으로 자행한 거대한 범죄를 인정하지 않았기 때문이다. 마녀의 대학살을 떠올리게 하는 '기념일'을 기재한 유럽의 달력은 없다. 오히려 몇몇 국가에서는 마녀 화형이 대중문화의 일부로 편입된 것을 볼 수 있다. 덴마크에서 성 요한 탄생일 전날 밤에 피우는 모닥불 앞에서 사람들이 늘 함께 부르는 (이 책의 1장에 수록된) 노래가 하나의 사례이다. 이런 점을 고려할 때, 그리고 앞에서 이미 서술한 여러 현실을 고려할 때, 이미 세계 곳곳에서 일어나고 있는 것처럼 마녀들의 참화가 반복되기를 바라는 것이 아니라면 마녀들의 역사를 침묵 속에 묻어버려서는 안 된다.

여성의 신체와 여성의 죽음이 관광 촉진 상품으로 활

---

3. 노르웨이가 하나의 예외인데 2000년에 바르도 지자체 정부는 핀마크 마녀 재판 피해자들을 위해 추모관을 짓기로 했다. 스위스 건축가 피터 줌터와 프랑스계-미국인 예술가 루이 부르주아가 설계를 맡아 각자 두 동의 서로 다른 파빌리온을 지었다. 루이 부르주아는 불타고 있는 의자의 형상을 만들었다. "1600년에서 1692년 사이에 핀마크에서 135명이 마녀재판을 받았다. 그중 91명이 고문을 받다 '자백을 한' 뒤 처형되었다. 대부분은 여성이었고, 18퍼센트가 남성이었다." Line Ulekleiv, ed., *Steilneset Memorial : To the Victims of the Finnmark Witchcraft Trials* (Oslo : Forlaget Press, 2011).

용되고 있는 현실을 규탄하는 일은 첫걸음에 불과하다. 마녀로 고발당한 여성의 피와 고통을 인정하는 것과는 거리가 먼 여성 비하적 이미지를 판매하여 이윤을 남기는 사람들이 판매를 멈추게 해야 한다. 사악하고 가학적인 웃음을 짓고 있는 나이 든 마녀의 형상을 띤 인형과 컵과 수건을 매대에서 내리도록 만들어야 한다. 이를 위해서는 앞으로 더 많은 걸음들이 필요할 것이다.

2017년 8월
뉴욕에서
실비아 페데리치

2000년에 노르웨이 바르도 지자체 정부가 17세기에 핀마크에서 마녀재판으로 사망한 91명의 피해자를 위해 지은 추모관의 불타는 의자. 예술가 루이 부르주아의 작품이다. (출처 : http://bit.ly/41EbaP8)

1부

자본 축적과 유럽 마녀사냥에 대한 재고

1장

「한여름의 노래」, "우리의 땅을 사랑해요"

De tre første vers, som normalt synges ved

bålfester

보통 이 노래의 처음 세 절을 모닥불 파티에서 함께

부른다.[1]

---

1. * 제목의 덴마크어 원제는 Midsommervisen "Vi elsker vort land"이다. 덴
마크에서는 성 요한 탄생일의 하루 전날(Saint John's Eve)인 매년 6월 23
일 밤에 한여름의 축제가 열린다. 이때 모닥불을 피우는데 불 위에 짚이
나 나무로 만든 마녀 형상을 올려놓고 (마치 화형을 하듯이) 태우면서 마
녀를 색출하여 내쫓았음을 기뻐하는 이 노래를 부른다고 한다. 페데리치
는 유럽에서 성 요한의 날이 갖는 의미가 자본주의의 탄생과 더불어 변화
했다고 말한다. 유럽의 전 자본주의 사회에서 성 요한의 날은 여름이 시작
되는 날로서 사랑과 건강을 상징했고, 연인들은 그날 밤 모닥불 위를 뛰
어넘으면서 사랑을 맹세했으며, 또 마법적인 날로 여겨져서 병이 든 사람

작사 : 홀게 드라크만^{Holger Drachmann}, 1885.

작곡 : P.E. 랑게–뮬러^{Lange-Müller}, 1885.

Vi elsker vort land,

　　우리의 땅을 사랑해요,

når den signede jul

　　축복의 크리스마스에

tænder stjernen i træet med glans i hvert øje.

　　모두가 반짝이는 눈빛으로 나무의 별을 밝힐 때.

når om våren hver fugl,

　　봄이 와 모든 새가,

over mark, under strand,

이 이 날 밤이슬을 맞으면 병이 낫는다고도 했다. 여성들은 약초를 모아서 건강을 기원하며 문에 걸어두는 전통이 있었다. 하지만 15~17세기에 유럽과 신세계에서 마녀사냥이 일어나고 자본주의가 태어났다. 그 이후 불은 마녀를 태우기 위한 것으로, 약초는 가정을 마녀와 악마로부터 보호하는 것으로 여겨지기 시작했다. 자본주의 이전에는 사람들의 집합성을 긍정적으로 표현하는 것이었던 성 요한의 날이 자본주의와 함께 사람들을 분열시키는 전통이 되었다고 페데리치는 설명한다. "Alt_Cph 20 : Patterns in Resistance : Witches, Work and Womxn : Revolution from the Kitchen", 〈FABRIKKEN for Kunst og Design〉, 2020년 6월 23일 수정, 2023년 2월 18일 접속, https://www.youtube.com/watch?v=Bt1E-uHvKNs.

들판 위로, 해변 아래로

lader stemmen til hilsende triller sig bøje :

인사말을 노래하며 지저귈 때 :

vi synger din lov over vej, over gade,

우리는 길에서, 거리에서 당신의 법을 노래해요,

vi kranser dit navn, når vor høst er i lade,

우리 수확물이 헛간을 채울 때, 우리는 당신의 이름을

화관으로 둘러요,

men den skønneste krans,

그러나 가장 아름다운 화환은

bli'r dog din, Sankte Hans!

성 요한, 당신의 것입니다!

Den er bunden af sommerens hjerter,

여름의 마음들로 묶인 화환은

så varme så glade.

너무나 따뜻하고 너무나 행복합니다.

Vi elsker vort land,

우리의 땅을 사랑해요,

men ved midsommer mest,

한여름에 가장 많이,

når hver sky over marken velsignelsen sender,

모든 구름이 들판 위로 축복을 내릴 때,

når af blomster er flest,

꽃들이 활짝 피고,

og når kvæget i spand

소들이 양동이 속으로,

giver rigeligst gave til flittige hænder ;

부지런한 손을 위한 선물을 가득 선사할 때;

når ikke vi pløjer og harver og tromler,

우리가 밭을 갈거나 추수하지 않을 때,

når koen sin middag i kløveren gumler,

클로버밭에서 아삭아삭 소들이 저녁 식사를 하면

da går ungdom til dans

젊은이들은 춤추러 가요.

på dit bud, Sankte Hans

성 요한, 당신의 명령에 따라서요.

ret som føllet og lammet, der frit

망아지와 송아지는 자유롭게

over engen sig tumler.

들판을 가로지르며 뛰놀아요.

Vi elsker vort land,

우리의 땅을 사랑해요,

og med sværdet i hand

그리고 손에 검을 쥔 우리를

skal hver udenvælts fjende beredte os kende,

모든 기이한 적들은 알 테지요.

men mod ufredens ånd

그러나 다툼의 정신에 반하여

under mark, over strand,

들판 아래로, 해변 위로

vil vi bålet på fædrenes gravhøje tænde

우리 아버지들의 바이킹 무덤 위로 불을 밝힐 거예요.

hver by har sin heks,

모든 마을에는 그 마을의 마녀가 있어요,

og hver sogn sine trolde.

모든 교구에 트롤이 있듯이요.

Dem vil vi fra livet med glædesblus holde

기쁨의 불로서 그들이 살지 못하게 할 거예요.

vi vil fred her til lands

우리는 이 나라의 평화를 원해요.

Sankte Hans, Sankte Hans!

성 요한, 성 요한!

Den kan vindes, hvor hjerterne

승리할 수 있어요

aldrig bli'r tvivlende kolde.

심장이 의심으로 가득 차 차가워지지 않는다면요.[2]

---

2. 코펜하겐의 한 페미니스트 모임에서 소개받은 이 시가 매우 인상적이어서 책에 수록하게 되었다. 그들이 영어 번역 작업을 해 주었다. 이 노래 가사를 함께 읽으면서 유럽 역사와 문화가 마녀 형상을 내부화(domestication)한 효과가 무엇인지와, 여성 수백만 명의 학살을 은폐한다는 것에 관하여 중요한 토론을 하게 되었다. 덴마크에서는 특히 17세기에 마녀재판이 성행하여 1617년에서 1625년 사이에 최고조를 이루었는데 8년간 297건이라는, 유럽 어느 나라와 비교하더라도 가장 높은 빈도의 재판이 진행되었다. 이때도 고발당했던 사람 대부분은 여성이었다. Jens Christian V. Johansen, "Denmark : The Sociology of Accusations," in *Early Modern European Witchcraft : Centres and Peripheries*, eds. Bengt Ankarloo and Gustav Henningsen (Oxford : Clarendon, 1992), 339~66.

2장

왜 마녀사냥을 다시 이야기해야 하는가? [1]

왜 마녀사냥에 관해 다시 이야기해야 하는가? 나는 최근 페미니스트 학자들이 역사의 깊은 곳에 처박혀있던 마녀사냥이라는 주제를 구출해냈고 그들의 작업 덕분에 그 주제가 근대 유럽과 아메리카 여성사에서 적절한 자리를 차지하게 되었다는 점을 염두에 두고 "다시"라고 쓴다.

바버라 에런라이크, 디어드러 잉글리시, 메리 데일리, 캐럴린 머천트[2]를 비롯한 여러 학자는 어떻게 마녀사냥이

---

1. 이 글은 1990년대 후반에 『캘리번과 마녀』에 붙이는 서문의 초고로서 작성했던 것이다. [* 2004년 PM Press에서 발간된 『캘리번과 마녀』 영어판 원서에 실제로 포함되지는 않았다.]

2. Mary Daly, *Gyn/Ecology: The Methaethics of Radical Feminism* (Bos-

여성으로부터 의료행위를 할 자격을 박탈하고, 핵가족이라는 가부장적 통제에 여성을 복속시켰으며, 르네상스 전까지 여성 신체에 대한 착취를 일정하게 제한했던 전체론적 자연관을 파괴하였는지를 보여주었다.

그뿐만이 아니다. '새로운 역사'Nouvelle histoire 학파의 영향으로 마을 기록 보관소들이 발굴되고 대량의 먼지 쌓인 사료에 대한 재검토가 진행되었으며, 수백 건의 재판에 대해서 우리는 세밀한 그림을 그릴 수 있게 되었다.

그렇다면 왜 굳이 옛일을 또다시 들춰내야 하는가? 더구나 이미 제출되어 사용되고 있는 해석 틀과 관련해서 [아직 발굴되지 않은] 새로운 사실들을 제시할 수 있는 상황도 아닌데 말이다.

하나의 이유는 여전히 분석이 필요하고 적절한 사회역

---

ton : Beacon Press, 1978). Barbara Ehrenreich and Deirdre English, *Witches, Midwives, and Nurses : A History of Women Healers* (New York : Feminist Press, 1973) [바버라 에런라이크·디어드러 잉글리시, 『우리는 원래 간호사가 아닌 마녀였다』, 김서은 옮김, 라까니언, 2023]. Carolyn Merchant, *The Death of Nature : Women, Ecology and the Scientific Revolution* (San Francisco : Harper & Row, 1983) [캐럴린 머천트, 『자연의 죽음 : 여성, 생태학, 그리고 과학 혁명』, 전규찬·이윤숙·전우경 옮김, 미토, 2005].

사적 맥락에 배치되어야 하는 16, 17세기 마녀사냥의 중요한 구조적 측면들이 있기 때문이다. 대부분의 마녀사냥 역사가는 가장 정치적 직관이 탁월한 학자들인 경우조차도 사회학적 분석에 머무르면서 '마녀들은 누구였는가? 기소된 죄목은 무엇이었는가? 어디에서 어떤 처벌을 받았는가?' 같은 질문들을 고찰했다. 또는 의료 전문직의 탄생, 기계론적 세계관의 발전, 가부장적 국가 구조의 도래 같은 주제들에 국한된 마녀사냥 분석을 전개했다.

그러나 노예무역과 '신세계' 토착민의 박멸과 마찬가지로 마녀사냥이, 근대 자본주의 세계가 부상하는 길을 열어젖힌 다양한 사회적 과정의 교차점에서 일어난 일이라는 점은 아직 인정되지 않고 있다. 그렇기 때문에 앞으로 더 많은 마녀사냥 연구는 자본주의의 도약을 가능케 한 전제조건들과 관련해서 진행되어야 한다.

마녀사냥에 관한 연구는 '자본주의 발전이 특정한 역사적 시기에는 사회 진보를 촉진했었다'는 견고한 믿음을 재평가하게 만든다. 이러한 믿음을 가졌던 과거의 많은 '혁명가'들은 식민화된 경험이 있는 대부분의 지역에서 '진정한 자본주의 축적'이 일어나지 않았다고 한탄했었다. 그러나 마녀사냥에 대한 나의 분석이 옳다면 이와는 다른 역사 이해가 가능해진다. 아프리카인 노예, 아프리카와 라틴아메리카에서 [토지와 재산 등을] 수용당한 농민, 북아메리카에서 학살당한 선주민은 모두 공유지[공통장]commons 3를 박탈당했고 환금 작물 재배의 확산으로 인해 기아를 겪었으며 저항을 하면 악마와 교통했다는 이유로 박해를 받았다는 점에서 16~17세기 유럽 마녀의 동류kin라고 볼 수 있다.

그렇지만 초기에는 체계적인 계획도, 어떤 통일된 사

---

3. * 본문에서 commons가 인클로저 이전의 공동영유지를 나타낼 때는 '공유지[공통장]'라고 썼고 이 책의 2부에서 저자가 현대의 commons를 지칭할 때는 '공통장'으로 옮겼다. commoner는 평민[공통인] 혹은 공통인이라고 옮겼다. '공통장'이라는 용어는 다음의 문제의식에 따른 것이다. "공유지(commons)는 근대 이전의 공동영유지를 지칭하는 역사적 용어이고 '공통적인 것'(the common)은 공유지를 넘어서 공기, 물, 바람, 태양, 지구 등의 자연적인 공통적인 것과, 언어나 사회화된 노동력과 같은 사회적인 공통적인 것을 지칭하기 위해 만들어진 신조어이다. 멕시코(사빠띠스따)나 에콰도르(CONAIE)의 원주민 운동에서 보이듯 오늘날도 세계 전역에서 공유지를 위한 투쟁이 여전히 중요한 점을 고려하면서 '공통적인 것'을 사고하기 위해서는 이 양자를 통합할 수 있는 용어가 필요한데, '場'이 흙 '土'와 태양이 솟아오름을 뜻하는 볕 '昜'이 결합된 것으로 1) 물리학적인 분자적 운동의 공간, 2) 생물학적 발생의 공간, 3) 사물의 유통의 공간, 4) 사회적 구조화의 공간, 5) 연극적·정치적·인지적 공간 등을 두루 지칭할 수 있는 용어인 점을 고려하여 우리 시대의 공통된 물리적·생물적·사물적·사회적·인지적 공간을 지칭하기 위해 '공통장'이라는 용어를 만들어 사용한다"(조정환, 「예술인간의 탄생과 반자본주의적 공통도시의 전망」, 『희망의 도시』, 서울연구원 엮음, 한울, 2017, 141쪽 주석).

상도 구비하지 않았던 한 체제[자본주의]의 논리와, 화형을 당하거나 세금 징수관에게 쇠스랑을 들고 대들던 여성 사이에 무슨 관계가 있느냐는 이의가 제기될 수 있다. 수많은 여성을 고문실로 끌고 간 잔인한 마을 단위의 다툼들 속에서 그 한복판에 있던 인물들은 전혀 짐작도 못 했을 세계 경제 질서의 이정표를 어떻게 식별할 수 있다는 것인가? 오히려 전반적인 사회 구조와 마을 단위의 사건을 연결해 보려는 어떤 시도도 계획적으로programmatically 차단하는 미시사에 머무르는 것이 낫지 않은가?

그렇게 하는 것이 신중해 보일 수 있다. 하지만 인과 관계를 제한하는 것은 새로운 질문들을 낳을 뿐이다. 예를 들어 종종 여성 해방의 주체로 인정받는 바로 그 부르주아지의 주도하에 근대 세계가 개시된 시점에 가부장적이고 여성 혐오적인 관행이 급증한 이유가 무엇인가? 또 전문 의료직의 탄생과 철학적·과학적 기계론의 출현 사이에는 어떤 관계가 있는가? 이 모든 상관관계를 연결하고 설명하는 좀 더 광범위한 근본 원인을 찾아야 하지 않겠는가?

나는 이런 질문에 답해 보기로 했다. 나의 작업에서 마녀사냥은 유럽 자본주의의 확립으로 이어진 '거대한 전환'

의 한 측면으로 서술되었다. 이를 뒷받침하는 증거가 정황적일 뿐이라는 점은 사실이지만 어떤 중요한 역사적 현상도 그 내적 동역학뿐 아니라 그것이 놓인 맥락 장을 고려하지 않고는 '설명'될 수 없다.

이 논점을 뒷받침해 주는 현대의 사례를 하나 들어보자. 우리가 미래 세대에 남길 것으로 예상되는 방대한 양의 기록이 없다면 1980~1990년대 미국을 연구할 미래의 역사가는 혼란에 빠질 것이다. 왜냐하면 역사적으로 전례 없는 기술 발전과, 보통 '저개발'과 관련되거나 과거의 시초축적 시대에나 일어날 법한 현상들 ─ 홈리스 현상, 17세기 '대유폐'를 본뜬 것처럼 보이는 미국 흑인 인구의 대규모 수감, 높은 비문해율, 익명 폭력의 확산, 사회가 전반적으로 해체되어 가는 모습 ─ 이 동시대에 공존했기 때문이다. 그렇다면 자본주의 발전이 한편에서는 컴퓨터 혁명을 일으키고, 다른 한편에서는 '철의 세기'를 떠올리게 하는 삶 형태를 재출현시켰다는 사실을 어떻게 입증할 것인가?

많은 정황 증거가 필요할 것이다. 정부 관료들의 인터뷰, 컴퓨터 귀재들의 일기, 문학 작품을 '해체'하거나 '포스트모더니즘 담론' 시대를 찬양하는 지식인의 작업 같은 자료로는 부족할 것이다! 주거 정책을 연구하고, 임대료 인상과 미국 산업 지대의 해체를 연결시키고, 이것이 급격한 축적으로 이어졌음을 추론해야 할 것이다. 이는 다시 새로운 기술 노하우의 발전과 노동계급 상당 부분의 빈곤화를 가져왔다는 것을 분석하고 이때 어떤 긴장들이 형성되었는지를 따져봐야 할 것이다. 그러다 보면 복지는 신성한 사회적 목표를 왜곡시킨다는 내용의 공세에 열중하는 정치가의 연설도 듣게 될 것이다. 이 모든 노력에도 불구하고 오늘날과 마찬가지로 회의론에 직면할 수도 있다. 그렇다면 마녀사냥도 '마을'에 국한시키기보다 더 넓은 틀 속에 위치시켜야 한다. 마을 수준, 국가 수준에서 동시에 전개되는 여러 다른 사건과 과정의 연속성 속에서 고찰되어야 한다. 나의 작업이 이를 [『캘리번과 마녀』에서] 성공적으로 해냈기를 바란다.

3장

마녀사냥, 인클로저, 그리고 공유 재산 관계의 종말

15세기 말 잉글랜드 각지에서 인클로저 운동이 있었고 광범위하게는 유럽에서 농업 자본주의가 부상했다. 그것이 바로 수없이 자행된 마녀 기소의 사회적 배경이었다. 마녀사냥과 자본 축적의 관계를 파악하는 데서 농업자본주의의 부상이 매우 중요하다는 것이 이 장에서 내가 주장하려는 바다. 인클로저 개념을 어떻게 썼는지는 뒤에서 자세히 설명하겠다. 내가 여기서 강조하고 싶은 것은, 마녀사냥의 전반적인 양상을 토지 인클로저만으로는 설명할 수 없다는 것이다. 나는 마녀사냥이 복잡다단한 원인에 의해 초래되었다는 통상적인 견해에 동의하면서도, 그 저변에 있는 모든 동기들은 자본주의 관계의 발전과 관련이 있다고 본다. 또한, 내가 토지 인클로저와 마녀사냥이 관련이 있다고 말할 때 그러한 관계의 필연성을 주장하려는 것은 아니다. 토지 사유화가 '마녀' 박해로 이어지는 것은 구체적이고 특정한 역사적 조건 아래에서만이다. 그러나 공동체주의 체제들communitarian regimes의 해체와 그러한 영향 아래 놓인 사회의 성원이 악마로 몰리는 것 사이에는 특별한 관계가 있는 것으로 보이며, 이 관계로 인해 마녀사냥은 경제와 사회를 사유화하는 매우 효과적인 수단이 되었던 것으로 보인다. 이 기이한 관계를 파악하는 것이 이 장의 목표 중 하나이다.

인클로저는 잉글랜드에서 일어난 현상이다. 잉글랜드의 토지 귀족과 부유한 농부들이 공유지에 담장을 둘렀고, 이 과정에서 관습권들이 사라졌으며 생계를 공유지에 의존했던 농민과 점유자squatter들은 공유지에서 쫓겨났다. 토지 사유화가 인클로저를 통해서만 일어났던 것은 아니다. 가령, 프랑스와 서유럽의 기타 나라들에서는 세금 인상이라는 방식을 통해 농민이 축출되었고 토지가 상업화되었다. 그렇기는 해도 이 장에서 나는 잉글랜드의 인클로저에 초점을 맞출 것이다. 토지가 상업화되고 화폐로 매개되는 관계가 부상하면서 남녀 각각에 미친 상이한 양상이 여기에서 보다 분명하게 드러나기 때문이다. 이 책에서 내가 사용하는 인클로저 개념은 토지 매·독점, 소작료 폭증, 새로운 과세 명목 등을 아우른다. 인클로저가 어떤 형태를 취하든 폭력적 과정이었음은 분명하다. 호혜적 유대가 특징이었던 공동체들은 극심한 양극화를 겪게 되었다. 토지 귀족뿐만 아니라 부유한 농민도 (경계 표시의 가장 흔한 형태인) 담장 두르기를 했고, [이로 인한] 적개심이 커졌다. 왜냐하면, 인클로저를 행한 사람과 당한 사람은 서로 잘 아는 사이였고, 평소에 같은 길을 오갔으며, 다양한 관계로 연결되어 있었기 때문이다. 서로가 가까이 살았고 보복 가능성이 있었기 때문에 사람들은 공포에 사로잡혔다.

토지 인클로저가 마녀사냥의 주요한 원인이었다는 증거는 무엇인가?

대부분이 정황에 대한 증거뿐이다. 남아 있는 재판 기록 어디에도 마녀로 기소된 여자가 토지 징발과 몰수의 희생자였다는 내용은 없다. 그럼에도 불구하고 다른 유럽 지역과 마찬가지로 잉글랜드에서도 마녀사냥은 농촌에서 압도적으로 발생한 것을 우리는 알고 있다. 마녀사냥은 하나의 추세였고 토지가 둘러쳐졌거나 그러한 과정이 진행 중인 지역이 큰 타격을 받았다. 후에 자신의 주장을 철회했지만 앨런 맥팔레인은 『튜더 및 스튜어트 왕가 잉글랜드의 마술』에서 마녀재판이 발생한 지역과 인클로저 현상이 일어난 지역이 서로 일치한다는 것을 보여주었다. 에식스가 대표적인 박해 지역으로 그곳에서는 마녀사냥이 발생하기 1세기 전에 이미 토지 인클로저가 마무리되었다.[1] 랭커셔에서도 인클로저가 있었다. 특히 펜들 포레스트Pendle Forest 인근에서 1612년에 가장 흉악한 마녀 박해와 기소 사건 중의 하나가 일어났다. 이 당시 처형당한 마녀들이 처음으로 심문당한 마을의 이름은 '펜스'Fence [2]로, 인클로저의 기억을 반영하고 있는 명칭이다.

연대기적으로 살펴볼 필요도 있다. 잉글랜드에서 마녀

---

1. Alan Macfarlane, *Witchcraft in Tudor and Stuart England: A Regional Comparative Study* (New York: Harper & Row, 1970).
2. * fence는 울타리라는 뜻이다.

재판은 16세기에 와서야 시작되어 17세기에 극에 달했다. 시장의 중요성이 증대되어 경제적·사회적 관계가 재구조화되고 빈곤과 불평등이 걷잡을 수 없이 퍼진 사회들에서 마녀재판이 이루어졌다. 특히 1580~1620년 사이에는 남아메리카에서 유입된 은이 큰 충격을 가해 곡물과 기타 농작물의 가격이 상승하면서 끔찍한 상황이 벌어졌다.

이런 사태 전개에 가장 취약한 집단은 나이 든 여성들이었다. 물가가 상승했고, 그동안 누려왔던 관습권들이 사라져 버렸다. 그 여성들이 과부이거나 그들을 도울 의지나 여력이 있는 자녀가 없는 경우에 그 처지가 특히나 열악했다. 잉글랜드 장원 사회의 농촌 경제에서는 과부와 빈민도 일반적으로는 그럭저럭 살아갈 수 있었다.

키스 토마스는 『종교와 마술, 그리고 마술의 쇠퇴』에서 이렇게 쓰고 있다.

옛 장원체계는 고유한 구빈 시스템으로 과부와 노인을 정성껏 배려했다. 과부는 죽은 남편이 경작하던 소작지를 (각 장원의 관습에 따라) 4분의 1부터 그 전부에 이르도록 계승할 권리, 즉 소작지 상속권을 누렸다. 상속

받은 소작지를 스스로 경작할 수 없으면, 이를 생계보장을 대가로 더 젊은 가족 구성원에게 양도할 수 있었다. … 빈민에 대해서도 지역마다 다양한 관습적 특혜들이 있었다. 이런 특권은 수확이 끝난 밭을 갈아엎어 목초지로 바꾸기 전에 3일간 이삭을 주울 수 있는 권리로부터 … 달리 잘 곳이 없는 빈민에게 교회 내 숙박을 허용하는 것에 이르기까지 다양했다.[3]

피터 라인보우는 마그나카르타 이래로, 특히 1215년에 〈삼림헌장〉이 반포된 이후부터 '에스토버스'estovers 권리, 즉 과부들이 식량과 땔나무를 제공받을 권리이자 생활을 유지할 권리가 보장되었음을 지적했다.[4] 하지만 관습권들이 와해되면서 '에스토버스' 권리는 몰수되었다. 그 시기에 종교개혁이 있었고 새로운 상업 정신이 부상하여 자선 구

---

3. Keith Thomas, *Religion and Decline of Magic* (New York : Harper &Row, 1970). [키스 토마스, 『종교와 마술, 그리고 마술의 쇠퇴』 1~3, 이종흡 옮김, 나남, 2014.]

4. Peter Linebaugh, *The Magna Carta Manifesto : Liberties and Commons for All* (Berkeley : University of California Press, 2008), 29, 39~40. [피터 라인보우, 『마그나카르타 선언』, 정남영 옮김, 갈무리, 2012, 59, 70쪽.]

호를 주고받는 것을 금지하였다. 잉글랜드에서는 치안판사의 허가를 받아야만 구걸 행위를 할 수 있도록 상황이 바뀌었다.

소위 마녀라고 하는 다수의 여성이 집집마다 돌아다니며 구걸을 하거나 '구빈세'에 의지해 살아가는 빈민이었다는 것은 전혀 놀랍지 않다. 이 '구빈세'를 잉글랜드에 도입된 최초의 복지 제도라고 할 수 있을 것이다. 더욱이 그들에게 씌워진 죄명을 보면 관습권은 물론이고 땅에 대한 권리도 빼앗긴 농민이었음이 명백하다. 이런 사람들이 이웃이 가진 것에 대해 억울해하고 분노하는 것은 충분히 예상할 수 있는 일이었다. 그 시작은 동물이었다. 아마도 이웃의 가축이 공유지[공통장]였던 땅에서 풀을 뜯고 있었을 것이다. 실제로 C. 레스트랑주 유언C. L'Estrange Ewen이 1563년부터 1603년 사이의 런던 순회재판구 기록을 정리한 바에 의하면, 기소 내용의 적어도 3분의 1이 돼지, 소, 말, 나귀에 대한 주술이었고 동물을 죽이기까지 했다는 내용도 여러 건이었다.[5] 『캘리번과 마녀』에도 썼듯이, 고발

---

5. C. L'Estrange Ewen, *Witch-Hunting and Witch Trials: The Indictments for Witchcraft from the Records of 1373 Assizes Held for the Home Cir-*

사건들을 보면 '마녀들'이 가난했다는 내용이 아주 많다. 그녀들이 곤궁해지자 악마가 강림해 채무 변제는 물론이고, "고기와 옷과 돈"을 제공하겠으니 이제 "더는 바랄 것이 없게 되리라"[6]고 약속했다는 것이다.[7]

하지만 가난이 마녀 고발의 직접적 이유는 아니었다.

누군가를 마녀로 만들기 위해서는 두 가지 요소가 더

---

cuit AD 1559~1736 (London : Kegan Paul, Trench, Trubner & Co., 1929).

6. * 페데리치에 따르면 "16세기와 17세기의 재판에서 새롭게 등장한 마녀와 악마의 관계는 마녀사냥의 성정치를 폭로한다."(페데리치, 『캘리번과 마녀』, 276쪽). 악마와 마녀의 협약에 대해서는 『캘리번과 마녀』 253쪽, 악마 형상이 마녀사냥을 통한 남성지상주의 확립에서 어떤 기능을 했는지에 대해서는 『캘리번과 마녀』 276쪽 이하를 참조하라. 2016년의 한 강연에서는 다음과 같이 설명한다. "여성이 악마에게 돈이 없다고 가난하다고 고통을 호소하는 것이 악마가 나타나는 전형적인 방식입니다. 그러면 악마는 나의 노예가 되면 문제가 해결된다고 말합니다. 그래서 계약이 이뤄집니다. 악마가 돈을 좀 주고 그 대가로 여성의 몸에 노예라는 표시를 새깁니다. … 제가 언제나 흥미롭게 생각한 것은 악마와 마녀의 관계가 오늘날의 결혼 관계의 고전적인 관계라는 것입니다." "Silvia Federici : #MeToo and the New Forms of Capital Accumulation", ⟨The New Centre for Research & Practice⟩, 2018년 2월 14일 수정, 2023년 2월 25일 접속, https://www.youtube.com/watch?v=qxSmkeMkU7c.

7. Thomas, *Religion and the Decline of Magic*, 520 [토마스, 『종교와 마술, 그리고 마술의 쇠퇴』 1~3] 참조.

3장 마녀사냥, 인클로저, 그리고 공유 재산 관계의 종말 **47**

필요했다. 첫째, 마녀는 희생자이기만 한 것은 아니었으며, 빈곤과 사회적 배제에 저항한 여성이었다. 마녀로 몰린 여성은 도움 주기를 거부하는 사람들을 위협하고, 악담을 퍼붓고, 힐난하는 표정을 지었다. 어떤 여자들은 초대받지도 않았는데 잘 사는 이웃집에 불쑥 찾아가는 식으로 소란을 피웠고, 아이들에게 자그마한 선물을 주어 환심을 사려고 했지만, 이는 주제넘고 엉뚱한 짓으로 여겨졌다. 마녀들은 잦은 싸움, 독설과 중상모략, 이웃 간 분란 조장의 죄목으로 고발되었다. 많은 역사가는 고발당한 여성들이 실제로 그런 행위를 했을 것이라고 본다. 하지만 우리는 마녀들의 위협과 악담, 저주의 이면에 자신들이 겪어온 불의에 대한 분노와 그로 인한 억울함, 스스로 주변화되는 것에 대한 거부가 있었음을 읽어내야 하는 것은 아닐까?

이처럼 경제적 요인들이 마녀 고발의 배경이었다. 이어서 고려해야 할 점은 당시에 여성을 남성에 대해서 종속적인 사회적 지위로 격하시키고, 스스로의 독립과 자율을 주장하거나 조금이라도 성적 관습에 도전하는 행위는 사회 질서를 전복하는 것으로 여겨 엄격하게 처벌하는 여성

혐오 방침 내지 정책이 체계적으로 증가했다는 점이다. '마녀'는 '평판이 안 좋'은 여성, '음탕'하고, '난잡'한 젊은 시절을 보낸 여자였다. 많은 마녀가 혼외자를 두고 있었고, 마녀의 행실은 법률, 교회의 설교, 가족의 재편성 등을 통해서 당대 유럽의 여성 대중에게 부과되고 있었던 여성성 모델을 부정하는 것이었다. 때로 마녀는 여러 주술을 행하는 민간 치유자였고 마을에서 인기 있는 사람이었다. 하지만 지방 및 국가의 권력 구조가 모든 형태의 민중 권력과 전쟁을 벌이고 있는 시기에 마녀의 인기는 그녀를 점점 더 위험한 존재로 지목받게 만들었다. 마녀의 치료약이 약초에 대한 경험적 지식을 바탕으로 하는 것이었는지, 과연 효험이 있었는지, 마술이나 주문이 만드는 위약 효과에 불과했는지는 여기서 중요하지 않다.

인클로저로 인한 봉기들이 일어났고 유랑민과 걸인으로 전락한 농민은 세상이 뒤집어지기를 바랐다. 여성은 많은 저항 행동에 참여했고 한때 공유지[공통장]였던 땅을 에워싼 말뚝을 뽑아내곤 했다. 이런 시기였기에 평범한 사람들이 [흑]마술sorcery이나 다른 수상쩍은 행위들로 사태의 전개에 영향을 미치려고 하는 것이 상당한 위협으로 받아들여졌다.[8] 마녀에 대한 공격으로 당국은 사유재산에 대한 공격, 사회적 불복종과 반항, 마법의 보급 전파를 동시에 처벌했다. 이 모든 것이 당국이 통제할 수 없는 힘을 전제하고 있었기 때문이다. 그와 동시에 마녀에 대한 공격은 성행위와 출산을 국가의 지배하에 두는 성 규범으로부터의 일탈을 처벌하는 것이었다.

이 모든 과정을 정당화하기 위해서 악마라는 존재가 필요했던 이유는 악마화를 통해서 더 많은 여성의 관점을 변화시킬 수 있었기 때문이다. 즉 과거에는 용인되거나 정상으로 여겨졌던 행위 형태들을 끔찍하고 무서운 것으로 바라보게 만들어야 했다. 마녀의 죽음을 반면교사로 삼아서 그런 일을 따라 했다가는 참혹한 결과를 당한다는 것을 여성이 깨닫게 만들어야 했다. 이런 점을 고려하지 않으면 악마라는 구실이 당국에 필요했던 이유를 우리는 이해할 수 없다. 실제로 이는 많은 여성에게 영향을 미쳤고, 마녀사냥이 진행되는 과정에서 기소 활동에 기여하는 여

---

8. 인클로저 반대 투쟁에의 여성 참여에 대해서는 Silvia Federici, *Caliban and the Witch: Women, the Body and Primitive Accumulation* (Brooklyn: Autonomedia, 2004), 73 [페데리치, 『캘리번과 마녀』, 118~119쪽]을 참조하라.

성도 있었다. 하지만 마술 혐의를 받는 여성을 여성이 직접 고발하는 일은 거의 없었다. 대개 법적 절차를 시작하는 남성들로부터 증언하라는 압박을 받아 '수동적인 역할'을 수행했다.[9]

어쩌면 여성을 여성에 맞서게 하는 이 대립에서 우리는 마녀박해와 공통장 파괴가 맺는 그 기이한 관계의 비밀을 찾을 수 있을지 모른다.

오늘날 많은 역사가는 마녀사냥에서 살해당한 사람들이 이단자 몰살이나 현대에 자행된 나치의 유대인 홀로코스트 같은 극악한 제도적 박해의 무고한 희생자는 아니었다고 가정한다. 일부 여성은 마녀라는 명성에 자부심을 느꼈고, 이웃에게서 후원과 자원을 갈취했다고도 한다. 가령, 맥주의 발효과정을 망치고, 소한테 마법을 걸고, 아이들을 급사시켰다는 기소 내용은 근거가 없지 않았다는 것이다. 하지만 선뜻 그런 일을 한 여성이 정말로 있었다면,

---

9. Clive Holmes, "Women : Witnesses and Witches," *Past and Present* 140, no. 1 (August 1993) : 54, 58. 홈즈는 "마을의 의심을 공식적인 증언으로 주조해내고 이를 위해 이웃들을 조직하는 실제적인 결정은 지역 **남성들**에 의해 이루어졌기" 때문에 "마녀에 대한 법적 절차에서 여성들의 개입은 수치상으로는 드러나지만 그녀들은 주로 수동적 행위자였다"고 쓴다.

그녀들이 도대체 왜 이웃을 그토록 맹렬히 증오했는지 질문해야 하는 것은 아닐까? 동물을 죽이고, 거래를 망쳐서, 이웃의 경제적 삶을 파탄 내고, 죽음과도 같은 고통을 안길 만큼의 맹렬한 증오를, 그녀들은 왜 느꼈던 것일까? 한 세기 전만 해도 공동체적인 삶이 조직되고 공동의 축제와 행사가 기재된 달력을 공유했던 마을이 증오로 뒤덮이게 된 것을 어떻게 설명해야 할까? '마녀'의 악마화는 정확히 이런 분열을 만들어내기 위한 도구가 아니었을까? 공통인 commoner으로 여겨졌고 스스로를 공통인으로 생각했던 개인에 대한 비난을 정당화하기 위해 '마녀'를 악마화하는 것이 필요했던 것은 아닐까?

'마녀들'과 함께, 자본주의가 도래하기 이전의 유럽 농촌 사회를 특징지었던 사회적·문화적 관행, 그리고 신념의 체계가 완전히 삭제되고 말살되었다. 요컨대, 그런 세계는 새로 부상하는 경제 질서의 입장에서 볼 때 비생산적이고 위험한 것으로까지 비쳤다. 그것은 오늘날 미신적이라고 불리는 세계이지만 우리가 이 세상과 지금과는 다른 관계를 맺을 가능성이 존재한다는 점을 상기시켜주는 세계이다. 그렇기 때문에 인클로저는 단순히 토지에 말뚝을 박고 사람들을 쫓아낸 것 이상의 더 광범위한 현상이었다. 지식과 앎, 우리의 신체, 우리가 타인 및 자연과 맺는 관계의 인클로저였음을 고려해야만 한다.

마녀사냥이 어떻게 우리와 동물의 관계를 전환시켰는지는 아직도 완전히 설명되지 않은 부분이다. 자본주의가 발흥했고 새로운 사회 기풍이 발달했다. 개인의 본능과 소망을 규율하고 단속해 노동력으로 전화해 내는 일이 매우 중요해졌다. 자기 절제와 통제가 인류의 특징으로 부상하면서 인간과 '금수'를 더 극심하게 구별하고, 나아가 차별하게 되었는데 이는 문화혁명이라고 불러도 좋을 만큼 급작스러운 변화였다. 자본주의가 도래하기 전까지만 하더라도 동물 세계와 인간 세계는 연속적인 경관으로 이해되었고 많은 경우 동물은 책임감이 있는 어엿한 존재로 간주되었으며 심지어는 동물이 말을 할 수 있는 능력까지 지니고 있다고 사람들은 생각했다. 16세기 말까지도 유럽 여러 나라에서 동물을 바라보는 이런 관점이 유지되었는데, 예를 들어 개들은 '범죄' 혐의로 재판을 받기도 했고 주인의 재판에 증'견'⁎으로 출석하여 몸짓으로써 그들의 무고함 내지는 유죄를 주장하는 일도 있었다.[10]

17세기쯤에는 급격한 변화가 진행되었다. 동물은 지각이 없는 기계라는 데카르트의 이론에서도 이런 점을 알 수 있다. 반려동물companion animal을 키우는 일이 점점 더 의혹의 대상이 되었다. 동물은 통제가 안 되는 본능성의 화신으로 그려졌다. 자본주의는 바로 그 본능성에 재갈을 물려 훈육된 노동자를 배출해야 했다. 동물을 만지고 돌보고 동물과 더불어 살아가는, 한때는 농촌 지역에서 평범했던 행위가 터부시되어 갔다. 그리고 마녀사냥과 함께 동물이 악마화되었다. 잉글랜드가 대표적이다. 악마가 그를 따르는 조수에게 애완동물domestic pet의 형태로 조력자를 제공한다는 관념이 큰 역할을 했다. 집에서 기르던 애완동물이 마녀의 범죄를 수행한다는 것이었다. 이 '반려동물들'familiars은 '마녀'는 물론 잠정적으로 모든 여성이 비이성적이고 짐승 같은 본성을 지녔다는 증거로 잉글랜드의 재판에서 끊임없이 내세워졌다.

마녀사냥을 통해 새로운 사회 규범과 윤리 체계가 부

---

10. Edward Payson Evans, *The Criminal Prosecution and Capital Punishment of Animals : The Lost History of Europe's Animal Trials* (London : William Heineman, 1906)를 참조하라.

과되었다. 이제 국가와 교회로부터 독립적인 권력의 원천은 그것이 무엇이든 악마와 관련된 것으로, 그리고 지옥이라는 공포, 절대악이라는 공포를 지상에 퍼뜨리는 것으로 여겨졌다. 이를 여성이 구현한다고 흔히 생각되었다는 점이 마녀사냥에 힘입어 탄생한 자본주의 세계에서 여성이 처하게 될 상황과 조건에 심대한 영향을 미쳤다. 그것은 여성을 분열시켰다. '마녀'를 상대로 한 전쟁에서 공모자가 되고, 이와 관련해서 남자들의 지도력을 인정하면 자신들이 살 수 있다는 것을, 교수형이나 화형의 위협에서 벗어날 수 있다는 것을 여성들은 배웠다. 무엇보다 여성은 새롭게 태동해 발전하는 자본주의 사회에서 자신에게 부여된 지위를 받아들여야 한다는 것을 배우게 되었다. 여성이 악마의 종이 될 수 있다고 널리 인정되어 버렸고 악마 숭배라는 혐의가 언제든지 여성을 옥죌 수 있었기 때문이다.

4장

마녀사냥과 여성의 힘에 대한 공포

황혼 녘 한 여성이 빈터에서 손에 파란 실타래를 쥐고 홀로 서 있다. 실타래는 그녀의 몸을 두른 후 한 무리의 집들까지 엮어 짠다. 그래서일까? 마치 그녀의 몸이 연장된 것처럼 보인다. 〈길을 그리다〉Trazando el camino(1990)는 로돌포 모랄레스의 회화작품이다. 그는 20세기 최고의 멕시코 화가로 꼽힌다. 그의 작품은 여성의 몸이 공동체를 이어주고 유지하는 물질적 토대이자 사회적 구조fabric라는 것을 주요 주제로 한다. 모랄레스의 그림은 마녀 이미지와는 정반대이다. 그림의 여성은 차분한 표정에 자수를 한 앞치마를 하고 있고, 천사 같은 느낌마저 든다. 그러나 그녀에게는 어딘가 마법적이고 비밀스러운 면, 15세기부터 18세기까지 유럽을 피로 물들인 마녀사냥을 역사적으로 정당화하는 데 활용된 여자들의 '음모'female conspiracy를 떠올리게 하는 면이 있다. 여기에서 우리는 역사가들이 아직 풀지 못한 박해의 핵심 수수께끼 일부를 해결할 단서를 찾을 수 있을지 모른다.

마녀사냥에서 왜 주로 여성이 표적이 되었을까? 유럽에서 300년에 걸쳐 수많은 여성이 '내부의 적'이자 절대 악의 화신으로 전락한 것을 대체 어떻게 설명할 수 있을까? 실제의 여성들은 각종 범죄 혐의로 기소를 당한 후 고문을 받고 화형주에서 불에 타 죽임을 당하는 무력한 모습이었다. 그러나 심문관과 퇴마사는 피해자들을 거의 신화적인 존재로, 빗자루를 타고 난폭하게 하늘을 질주하는 악마의 하인, 지옥에서 온 피조물, 테러리스트, 식인종의 모습으로 그렸다. 실제와 상반되는 이런 묘사를 어떻게 이해해야 할 것인가?

이런 질문에 답하는 첫 번째 방법은 자본주의가 발달하면서 야기된 각종 사회 혼란으로 거슬러 올라가는 것이다. 특히 봉건 유럽에서 압도적 우위를 차지했던 공동체적 농업이 해체되었고, 화폐경제의 부상과 토지 강탈로, 농촌은 물론이고 도시 인구의 상당수가 빈곤의 늪에 빠졌다. 이러한 이론에 따르면 여자들이 그런 변화로 '사회적 권한'을 가장 크게 '빼앗겼고' 희생자로 전락할 가능성도 가장 컸다. 특히 나이 든 여성이 빈곤과 사회적 배제에 맞서 자주 반항했고, 그러다가 대거 범죄 기소를 당했다. 달리 말해, 여자들이 마녀재판을 당한 것은 자본주의가 태동하면서 유럽의 농촌이 재구조화되어 가는 와중에 여자들이 생계 수단을 빼앗기거나 잃고, 동시에 사회적 권한을 행사할 토대가 파괴되었기 때문이다. 공통의 유대가 해체되고 새로운 도덕 체계가 부상하는 때였고 구걸은 범죄화되고 중세에는 영원한 구원으로 가는 방도로 여겨졌던 자선은 멸시당했다. 이런 시기에 여성들은 믿고 의지할 만한 대상이나 수단이 하나도 남지 않아 부자의 자선에 의지할 수밖에 없었다.

앨런 맥팔레인이 『튜더 및 스튜어트 왕가 잉글랜드의 마술』에서 처음 제기한 이 이론이 많은 마녀재판을 설명하는 데 적용될 수 있다는 점은 분명하다. 여러 건의 마녀사냥과 인클로저가 직접 연계되어 있다는 점은 틀림없다.

피고들의 사회적 위상, 그녀들을 겨냥한 기소 내용, 그리고 마녀에 대한 흔한 묘사 방식, 즉 이웃의 증여에 의존해 혼자 살면서 스스로가 주변화되는 상황에 분개하고 자신을 돕기를 거부하는 사람들을 종종 위협하고 저주하기도 했던(저주받은 이들은 자신들의 불운은 전부 마녀의 탓이라며 고발했을 것이다) 가난하고 늙은 여자라는 묘사가 이를 증명한다. 하지만 이것만으로는 그토록 끔찍한 처지에 몰린 사람들이 그렇게 커다란 공포를 자아낸 이유가 무엇이었는지를 설명하는 데는 부족하다. 또 많은 피고가 성관습 위반과 재생산 범죄(예를 들어서 유아 살해나 남성을 생식불능으로 만들어버리는 것)로 기소되었는데 그렇게 유죄 선고를 받은 사람 중에는 민간 치유자, 산파이거나 마법으로 잃어버린 물건을 찾아주고 점을 치는 일을 하면서 공동체에서 상당한 정도로 권한을 누리던 여자들이 있었다는 점 역시 이 이론은 설명하지 못한다.

빈곤화와 사회적 주변화에 저항하는 것 이외에 '마녀들'은 그들을 절멸시키려는 사람들의 눈에 어떤 위협으로 비쳤을까? 이 질문에 답을 구하기 위해서는 자본주의이 발전이 수반한 사회적 갈등을 규명해야 할 뿐만 아니라 사회적 삶의 모든 측면에서 어떠한 근본적인 변화가 일어 났는지를, 중세를 특징지었던 재생산/젠더 관계에서 출발하여 살펴보아야 한다.

자본주의는 봉건 엘리트(교회와 지주 및 상인 계급)가 14세기 즈음 그들의 지배를 위태롭게 만들고 있었던 농촌과 도시 프롤레타리아의 투쟁에 대응하기 위해 시행한 전략이었다. 그것은 '반혁명'counterrevolution이었다. 자유에 대한 새로운 요구가 질식당하며 피바다로 변했을 뿐만 아니라 세상이 거꾸로 뒤집혔다. 이때 탄생한 새로운 생산 체제는 더 가혹한 착취를 용이하게 하는, 노동·부·가치관에 대한 완전히 다른 관념을 필요로 했다. 자본가 계급은 처음부터 이중의 저항에 직면했다. 자본가 계급은 우선, 재산을 몰수당한 평민[공통인]의 위협을 물리쳐야 했다. 그들이 유랑민, 거지, 무토지 노동자로 전락해 언제라도 반란을 일으켜 새 주인을 겨냥할 수 있었다. 1550년부터 1650년 사이의 시기가 특히나 심각했다. 신세계에서 금과 은이 유입되자 "통제할 수 없는 규모"로 인플레이션이 일어났다. 그로 인해 식량 가격이 급등했고 임금은 그만큼 하락한 셈이었다.[1] 이러한 상황에서 농촌의 나이 든 여자들이 자신의 비참한 처지에 분개해 집집마다 돌아다니며 복수하겠다는 말을 하는 것은 분명 이런저런 음모를 퍼트리고 있다는 두려움의 대상이 되었을 것이다.

다른 한편으로, 자본주의는 '산업'을 축적의 주된 원천으로 삼는 생산 양식이었고, 따라서 노동 생산성을 높일 새로운 사회 규율과 새로운 유형의 개인을 벼리지 않고서는 대세로 자리 잡을 수 없었다. 여기에는 역사적 전투가 뒤따랐다. 노동자의 전면적 착취를 제한하는 모든 것을 격퇴해야 했다. 사람을 자연 세계, 타인, 또 각자의 몸과 묶어주는 관계망이 첫 번째 타격 대상이었다. 중세에 일반적이었던 마법적 신체 관념이 파괴된 것이 이 과정의 핵심이었는데, 그러한 관념은 자본가 계급이 착취할 수 없는 권능powers을 인체에 부여했기 때문이다. 이는 노동자를

---

1. Julian Cornwall, *Revolt of the Peasantry, 1549* (London : Routledge & Kegan Paul, 1977), 19. 미국에서 온 금괴와 은괴로 인한 식량 가격 상승에 관해서는 Joyce Oldham Appleby, *Economic Thought and Ideology in Seventeenth-Century England* (Princeton, NJ : Princeton University Press, 1978), 27, 그리고 Alexandra Shepard, "Poverty, Labour and the Language of Social Description in Early Modern England," *Past Present* 201, no. 1 (November 2008) : 51~95도 참조하라.

일하는 기계로 바꿔버리는 사태와 양립할 수 없었고, 심지어 자본가 계급에 대한 그들의 저항을 강화할 수 있었기 때문이다. 전 자본주의 농업 사회가 구성원 전원이나 특별한 개인에게 귀속 부여한 샤먼 권능이 바로 이것이다. 샤먼 권능은 많은 경우 기독교 의례와 신앙으로 동화되었지만, 유럽에서 기독교화가 수백 년 동안 지속되었음에 불구하고 살아남았다.

여성을 '마녀'라며 공격한 행태는 이러한 맥락 속에 놓여야 한다. 여성이 재생산 과정과 특수한 관계를 맺어왔기 때문에 전 자본주의 사회에서 많은 여성은 자연의 비밀에 대한 특별한 이해를 가진 존재로 여겨졌다. 그래서 여성은 삶과 죽음을 관장할 수 있고 사물의 숨어있는 특성을 발견할 수 있는 존재로 생각되었다. 치유자, 민간 의료인, 약초상, 산파, 사랑의 묘약 제조사로 마법술 영업을 하는 것은, 처방이 효과를 발휘하지 않을 때 보복당할 위험은 감수해야 했지만 많은 여성의 생계 수단이면서 확실한 권능의 원천이었다.

이것이 자본주의가 세계에 대한 좀 더 기계화된 관념을 구축하려 할 때 여성이 주요 목표물이 된 이유 중 하나이다. 자연 세계의 '합리화'는 더 엄격한 노동 규율과 과학 혁명의 전제 조건이었고, 이는 '마녀'의 말살을 통해서 일어났다. 고발당한 여성이 겪은 형언할 수 없이 고통스러운 고문 방식들조차도 우리가 그것을 그녀들의 권능을 앗아가는 퇴마 의식으로 보는 순간 의미가 달라진다.

따라서 여성의 섹슈얼리티가 사악하다는 식의 묘사와 진술도 재고되어야만 한다. 사악한 악마성이야말로 여성이 부린 '마법'의 정수로 마녀 규정에서 중심적이기 때문이다. 이 현상에 대한 고전적인 해석에 따르면 심문관들의 억압적이고 금욕적인 삶이 색욕과 사디즘을 유발시켰고, 그리하여 여성의 섹슈얼리티에 대한 악마적 규정이 나타나게 되었다고 한다. 그러나 성직자 계급이 적극 가담해 마녀사냥의 이데올로기를 제공한 것은 사실이지만, 유럽에서 마녀사냥이 가장 극심했던 16세기와 17세에 이르면 반 이상의 마녀재판은 속인인 치안 판사가 주재했고 재판을 조직하고 재정적 대가를 치른 것은 시city 정부들이었다. 따라서 우리는 새로운 자본가 엘리트가 그들의 사회개혁 프로젝트와 더 엄격한 노동 규율의 도입을 추진했다는 점을 고려하면서, 그들의 눈에 여성의 섹슈얼리티란 무엇이었을지를 질문해야 한다.

대부분의 서유럽에서 16세기와 17세기에 섹스, 혼인, 간통, 출산 관련 각종 규제가 도입되었는데, 이를 통해 우리는 예비적인 답변을 해볼 수 있다. 요컨대, 여성의 섹슈얼리티가 사회를 위협하는 것으로 비쳤고, 통제만 제대로 하면 막강한 경제력이 될 수도 있음을 알아본 것이다. 교부敎父들 및 『마녀를 심판하는 망치』(1486)[2]를 쓴 도미니크회 수사들 같은 초창기 자본가 계급도 여성의 섹슈얼리티와 쾌락을 비하했다. 정치 엘리트의 눈에 에로스, 곧 성적 매력은 통제할 수 없는 힘으로 여겨졌고, 언제나 의혹의 대상이었다. 플라톤도 『향연』에서 사랑의 여러 영향과 효과를 설명하는데 그로 인해 이런 견해가 존재론적 지

---

2. 1486년 독일 남부 지역에서 심문관으로 일했던 도미니크회 수사 하인리히 크라머(Heinrich Kramer)와 제임스 스프렌거(James Sprenger)가 출판한 『마녀를 심판하는 망치』(Malleus Maleficarum)는 최초의 그리고 가장 영향력 있는 악마 연구서 중 하나였고 출간된 후 200년간 수없이 다시 인쇄되었다. [한국어판 : 야콥 슈프랭거, 하인리히 크라머, 『마녀를 심판하는 망치』, 이재필 옮김, 우물이있는집, 2016.] 조셉 클레이츠(Joseph Klaits)가 지적하듯이, 1481년부터 1486년까지 크라머와 스프렌거는 "콘스탄스 교구에서 거의 50건에 달하는 마녀 처형을 주재했다." Joseph Klaits, *Servants of Satan : The Age of the Witch Hunts* (Bloomington : Indiana University Press, 1985), 44.

위로까지 격상되었다. 사랑은 위대한 마법사다. 그 뛰어난 악마가 지상과 천상을 통합한다. 사람들은 이 사랑을 바탕으로 거침없어지고, 그 존재가 완전해진다. 그런 사람들이 단결하면 무적이 될 수밖에 없다. 4세기에 교부들은 아프리카의 사막으로 들어갔는데, 이는 타락한 도시 생활에서 벗어나려는 시도였다. 아마도 에로스의 유혹 때문이었을 것이다. 욕망으로 인해 고통스러웠던 그들은 에로스의 위력과 권능을 인정하지 않을 수 없었고 그 기동자가 분명 악마라고 생각했다. 그때 이후로 성직자들은 여성이라는 성별을 악마의 도구로 그리기 시작했는데 그 이유는 교회를 가부장적·남성적 집단으로 응집력 있게 지켜낼 필요가 있었고, 여성의 권능 앞에서 성직자들이 약점을 보이는 것으로 인해 그 재산과 소유물이 탕진되는 것을 방지할 필요가 있었기 때문이다. 요컨대 눈으로 보아 즐거울수록 영혼에는 더 치명적이라는 것이었다. 이것이 모든 '악마학'에서 반복되고 있는 주제이고 아마도 역사상 가장 여성혐오적인 텍스트인 『마녀를 심판하는 망치』가 그 시작일 것이다. 신흥 부르주아지는, 그들이 가톨릭이든, 신교도든, 청교도든, 계속해서 이 전통을 유지했다. 물론 약간의 변형도 있기는 했는데, 여성의 욕망을 억압하다가도 실용적 목적에 이용했던 것이다. 남성의 성적 필요를 만족시켜야 했고 노동력을 풍부하게 출산하게 하는 것은 더 중요했다. 마녀사냥을 통해 귀신을 떨쳐내고 체제 전복의 가능성이 정화된 여성의 섹슈얼리티는 결혼이라는 맥락 안에서 작용하는 것으로, 출산이라는 목표에 복무하는 것으로 복구될 수 있었다.

기독교는 순결과 금욕을 찬양했다. 반면, 시민/자본가 계급이 도입한 성 규범은 두 가지다. 첫째, 신교 윤리가 섹스를 부부 생활로 복구해 냈고 이는 '색정을 치료할 수 있는 방도'이기도 했다. 둘째, 여자들의 합법적 지위가 공동체에서 아내이자 어머니로 승인을 받았다. 이렇게 대비되는 성 규범이 빈번하게 과거와의 단절로 묘사되었다. 하지만 자본주의에서 수용 가능한 사회적인 것의 영역으로 복구된 여성의 섹슈얼리티는 가정적으로 길들여진 섹슈얼리티, 즉 노동력 재생산과 노동자 위무에 복무하는 섹슈얼리티였다. 자본주의에서 섹스는 출산을 하거나 남성 임금 노동자를 재생하는 데 활용되는 생산력으로서만, 그리고 일상에서 겪는 비참함에 대한 사회적 위무와 보상 수단으로서만 존재할 수 있다. 새로운 부르주아적 성 윤리의 전형은 마르틴 루터의 명령이었고, 그는 수녀들에게 수녀원을 떠나 혼인하라고 했다. 결혼을 해서 노동자 계급을 많이 생산하는 것이야말로 신의 뜻을 이행하는 것이고 여자들의 '최고의 소명'이라고 그는 생각했다. "여자들은 죽을 때까지 아이를 낳아야 한다."라고 루터는 분명하게 말했다. "여자들이 이 목적을 위해 창조되었기 때문이다."[3] 16세기에 루터처럼 대놓고 이런 정서를 표출한 정치 단위나 종교 교단은 없었다. 그러나 종교적 교리와 무관하게 모든 나라가 여성의 섹슈얼리티를 결혼과 출산으로 제한했고 또 무조건적 복종이라는 아내의 의무를 도입했다. 사회 윤리와 정치 안정을 떠받치는 기둥으로서 말이다. 그리고 실제로 가장 많은 '마녀'가 고발당한 죄목이 '음란 행위'였고, 이는 보통 영유아 살해와 생명의 재생산에 대한 내재된 적대와 관련이 있다고 여겨졌다.

이런 한계들 바깥에, 그러니까 결혼, 출산, 남성/제도

---

3. Mary Wiesner-Hanks, "Women's Response to the Reformation," in *The German People and the Reformation*, ed. R. Po-Chia Hsia (Ithaca, NY : Cornell University Press, 1988), 151.

의 지배 바깥에 존재하는 여성 섹슈얼리티는 역사적으로 사회를 위협하는 요소로 인식되었다. 이런 관념은 자본가도 마찬가지였다. 요컨대, 여성 섹슈얼리티는 노동 규율을 위협하는 요소이고, 타인에게 영향력을 행사하는 힘이며, 사회 위계와 계급 관계 유지에 대한 장애물이 된다고 보았다. 이는 특히 16세기에 실제로 벌어진 일이었다. 봉건 사회에서 성적 행위 및 남녀의 성적 교류를 규제하던 구조가 16세기에 위기를 맞이했고, 도시와 농촌에서 공히 새로운 현상이 부상했는데, 비혼 상태로 혼자 살면서 매이지 않은 여자들이 대거 매매춘을 했다.

종교 재판소가 개시하고 지휘한 재판만큼이나 속세의 기관이 주도한 재판에서도 변태성욕 내지는 성도착에 대한 기소가 큰 부분을 차지했다는 것은 전혀 놀라운 일이 아니다. 여기에서도 여자들이 악마와 교미했다는 기상천외한 기소 내용이 나오는데, 기소한 측의 공포감이 읽힌다. 여자들이 '마법'glamour으로 남자를 홀려 자신의 권력 아래 두고 그들에게 욕망을 불어넣어 온갖 사회적 거리와 의무를 잊게 만든다는 것이 그 두려움의 내용이다. 귀도 루지에로의 『정념의 구속』(1993)에 나오는 16세기 베네치

아의 고급 창녀들도 그런 경우다. 귀족과 가까스로 결혼의 연을 맺은 여자들이 마녀로 기소당했다는 내용을 루지에로의 책에서 여럿 볼 수 있다.

악마연구자들 사이에서 요부의 전형인 키르케 신화가 큰 인기를 끌었던 것을 보면 여성의 통제되지 않은 섹슈얼리티를 사람들이 얼마나 두려워했는지 잘 알 수 있다. 그 전설의 고혹적인 여자는 자신을 탐하던 남성을 마법을 부려서 동물로 바꾸었다. 손가락 하나 대지 않고 아주 강한 매력만으로 남성을 움직이는 여성의 눈이 지닌 힘과 관련해서 악마학이 이런저런 억측과 결론을 내리는 것 역시 이로부터 설명이 된다. 또 마녀가 악마와 맺었다고 기소된 '협약' 내용을 보면 대개가 돈거래였는데 여성이 남성에게서 돈을 뜯어 갈 수도 있다고 걱정했음을 알 수 있다. 이것이 매매춘이 비난받은 근저의 이유다.

여성의 섹슈얼리티가 남성에게 위험하다는 선동이 지칠 줄 모르고 이루어졌다. 이는 여성에게 굴욕감을 안겨, 몸으로 남자를 유혹하고자 하는 욕망을 억제시키는 방식으로 이루어졌다. 여성의 신체에 대한 공격이 이처럼 국제적으로 조직되고, 합법이라고 승인되며, 종교의 축복을 받으면서 대규모로 자행된 일은 역사상 전례를 찾아볼 수 없다. 그저 고발에 불과한 조잡하고 믿기지 않는 증거만으로도 수천 명이 체포되었다. 그녀들은 옷이 벗겨져 나체가 되었고 머리털까지 완전히 밀렸으며 신체의 온갖 부위를 긴 바늘로 찔렸는데 '악마의 표식'을 찾는다는 명목 때문이었다. 이때 많은 경우 남자들이 입회했다. 사형 집행인, 지역 유지, 성직자는 모두 남성이었다. 그리고 이는 그녀들이 당한 고통의 끝이 결코 아니었다. 고안된 것 중 역대 최고로 사디스트적인 고문이 피의자 여성의 신체에 가해졌다. 마녀들의 몸은 통증과 고문의 과학이 발달할 수 있는 이상적인 실험실이었다.

내가 『캘리번과 마녀』에 썼듯이, 마녀사냥은 여성 전체를 상대로 한 테러 체제였다. 마녀사냥으로부터 새로운 여성성의 모델이 출현했다. 여성이 태동 중인 자본주의 사회에서 사회적으로 인정되고 수용되려면 새로운 모형의 여성성에 순응해야 했다. 그것은 무성적이고sexless, 복종적이며, 고분고분하고, 남성이 지배하는 세상의 종속적 하위 존재가 되는 것이었다. 이런 여성성을 받아들이면 자본주의에서 완전히 평가 절하된 활동의 영역으로 유폐되어도 이를 자연스럽고 당연한 것으로 여기게 된다.

여자들은 참혹한 공포 속에서 말도 안 되는 기소를 당했고 끔찍한 고문을 받았으며 공개 처형으로 목숨을 잃었다. 여성의 사회적 권능이 파괴되어야만 했기 때문이다. 박해자들은 나이 든 여성의 사건에서조차 여성의 권능이 상당하다고 보았음이 틀림없다. 실제로 나이 든 여성은 젊은 사람을 악의 길로 유혹할 수 있었다. 이들은 임신중지 유도 식물 같은 금지된 지식을 알려주거나 공동체의 집합적 기억을 전달하는 역할을 했다. 로베르 뮈샹블레가 언급했듯이 어떤 약속이 있었는지, 어떤 믿음이 배신당했는지, (특히 땅과 관련해서) 재산의 범위가 어디까지인지, 관습적 합의사항이 무엇인지, 그리고 누가 그것을 위반했는지 등을 기억하는 것은 나이 든 여성들이었다.[4] 회화작품 〈길을 그리다〉의 파란 실타래처럼, 나이 든 여자들이 집집마다 돌면서 이런저런 이야기와 비밀을 퍼뜨렸다. 그렇게 정념들passions이 결속되고 과거와 현재의 사건이 씨줄과 날줄처럼 직조되었다. 그래서 과거를 파괴하고 사람들의 행

---

4. Robert Muchembled, *Culture populaire et culture des élites dans la France moderne* (XVe ~XVIIIe) : Essai (Paris : Flammarion, 1978).

동을 본능적 삶의 수준까지 통제하고 관습적 관계와 책무들을 해체하는 데 열심이었던, 개혁에 나선 근대화론자 엘리트들에게 그녀들은 불온하고 공포를 자아내는 존재였다.

여자들이 권력 체계에 조금이라도 도전하려고 하면 악마의 음모로 묘사되기 일쑤였다. 이것은 우리 시대에 이르기까지 역사에서 거듭 반복된 현상이다. 공산주의를 겨냥한 매카시의 '마녀사냥', 그리고 '테러와의 전쟁'은 모두 이런 동역학을 바탕으로 했다. '범죄'를 신화적인 수준으로까지 과장해 끔찍한 처벌을 정당화하면, 사회 전체를 효과적으로 공포에 떨게 만들 수 있다. 희생자들은 고립되고, 저항의 열의가 꺾인다. 그러면 대중은 이전까지는 정상으로 여겨졌던 행동들에 참여하기를 저어하게 된다.

마녀는 각자의 시대에 공산주의자였고 테러리스트였다. 그렇기에 자본주의적 노동 재편이 기대고 있는 노동의 성별분업을 받아들이는 새로운 '주체'가 되도록 그녀들은 '문명화'될 필요가 있었다. 마녀사냥은 유럽 여성이 새로 강제된 사회적 책무를 받아들이게 했다. 또한 유럽의 '하층계급'에 엄청난 패배감을 안겼다. 그들은 정부 통치에 반하는 어떠한 저항 행위도 정부의 권력이 개입되어 중지될 것임을 체득하게 되었다. 화형대에서는 마녀들의 신체가 파괴되었을 뿐만 아니라 여성의 사회적 권능의 기초였던 사회적 관계의 세계 전체, 그리고 엄마로부터 딸에게로 세대를 넘어 전승되어 온 지식의 방대한 덩어리 ― 약초에 대한 지식, 피임과 임신중지에 대한 지식, 남자의 사랑을 얻을 수 있는 마법에 대한 지식 ― 가 파괴되었다.

이것이 바로 방방곡곡의 마을 광장에서 마녀의 처형과 함께 스러져간 것이다. 마녀로 고발당한 여자들이 철 사슬에 묶여 불구덩이에 던져지는 모습은 그야말로 상상할 수 있는 최고의 비체적 형태였다. 이 장면을 수천수만 번 상상하며 머릿속에서 반복 재생해 보자. 그럴 때 우리는 유럽 역사에서 마녀사냥이 어떤 의미를 갖는지, 그 동기뿐 아니라 효과에 대해서도 비로소 이해하기 시작할 수 있다.

5장

'가십'의 의미에 관하여

여성을 정의하고 비하하는 데 자주 사용되는 단어의 역사를 추적하는 일은 여성 억압의 작동과 자기 재생산을 이해하기 위해서 꼭 필요한 작업이다. 이 맥락에서 '가십'gossip의 역사는 상징적이다. 가십의 역사를 통해 우리가 알게 되는 것은 잉글랜드 근대 태동기에 두 세기 동안 여성에 대한 공격이 일어났다는 사실이다. 친밀한 여성 친구를 일컫던 용어가 여성의 우정이 의미하고 만들어낸 연대와는 반대되는 의미로, 남을 뒤에서 헐뜯는 한심한 말이나 불화의 씨앗을 의미하는 말로 바뀌었다. 여성 간의 우정을 지칭하던 단어에 폄하의 의미를 덧씌우는 것은 중세에 지배적이었던 여성의 사회성을 파괴하는 데 일조했다. 중세에는 여성이 수행하는 대부분의 활동이 집합적이었으며 적어도 하층계급의 여성들은 긴밀한 공동체를 형성했고 이는 강력한 힘의 원천이었다.

이 시대 문헌에서는 가십이라는 단어의 용례를 쉽게 찾을 수 있다. 고대 영어 단어인 god[신]과 sibb[혈족]에서 유래한 가십은 본래 세례를 받는 아이와 영적 관계를 맺는 대부모godparent를 의미했다. 시간이 흐르면서 이 단어는 더 많은 뜻을 내포하게 되었다. 근대 초 잉글랜드에서 '가십'은 출산의 순간을 함께하는 조력자를 의미했고, 이는 산파에 국한되지 않았다. 혹은 경멸적인 어감이 없이 여성 친구를 일컫기도 했다.[1] 어느 쪽이든 모두 강한 감정적 함의가 담겨 있었다. '가십'이 전근대 잉글랜드 사회에서 여성을 결속시킨 유대관계라는 의미로 사용된 사례들을 보면 이를 좀 더 분명히 알 수 있다.

체스터 사이클 신비극[2]에서 '가십'이 강한 유대감을 뜻

---

1. 『옥스포드 영어 사전』에 따르면 가십은 '친한 지인, 친구, 동무'를 뜻하며 1361년부터 1873년까지 이를 뒷받침하는 용례를 찾을 수 있다.
2. * 사이클(Cycle) 또는 순환극은 15세기 잉글랜드에서 유행한 연극 형식이다. 공연하는 사람들이 장비를 수레에 싣고 다니면서 여러 날 동안 교회,

하는 용어임을 암시하는 구체적인 예를 볼 수 있다. 신비극은 길드 조합원들이 만들었다. 이들은 지역 권력 구조 속에서 자신들의 사회적 지위를 상승시키기 위해 연극을 창작하고 제작 자금을 지원했다.[3] [사회적으로] 기대되는 행동 양식은 장려하고, 비난받아야 할 것은 풍자하는 것이 신비극의 목적이었다. 신비극은 강하고 독립적인 여성에 대해 비판적이었고, 특히 그런 여성이 남편과 맺는 관계를 비판적으로 보았다. 이유는 그녀들이 남편보다 친구를 선호하기 때문이라는 것이었다. 토마스 라이트가 『중세 잉글랜드 가정 내 태도와 감정의 역사』(1862)[4]에 썼듯이, 신비극은 여성들이 틈만 나면 "마시고 즐기기 위해 '가십'gossips끼리 선술집에 뭉치는" 독립적인 삶을 산다고 묘사했다. 방주로 들어오라며 사람과 동물을 재촉하는 노

수도원 등지에서 공연을 열었다. 체스터는 중세 잉글랜드의 체스터시를 말한다. 신비극(mystery play)은 유럽에서 중세에 만들어진 새로운 연극 형식으로 기적극이라고도 하며 주로 성서에 나오는 사건들을 극화했다.

3. Nicole R. Rice and Margaret Aziza Pappano, *The Civic Cycles: Artisan Drama and Identity in Premodern England* (Notre Dame, IN: University of Notre Dame Press, 2015).

4. Thomas Wright, *A History of Domestic Manners and Sentiments in England during the Middle Ages* (London: Chapman and Hall, 1862).

아를 표현한 체스터 사이클 신비극[5]이 그 한 사례이다. 노아는 '가십'과 함께 선술집에 둘러앉은 자신의 아내를 부른다. 하지만 그녀는 선술집에 물이 차오르는 와중에도 "그녀의 가십들이 함께하도록 허락받을 때까지" 자리를 뜨기를 거부했다. 라이트에 따르면, (아내의 거부를 못마땅해했음이 분명한) 당시 신비극 작가가 작성한 아내의 대사는 다음과 같다.

> 예, 선장님, 돛을 올리시고
>
> 성난 함성으로 노를 저어 나아가시죠,
>
> 나는 이 마을을 벗어나지 않아,
>
> 나의 가십들이 단 한 명도 빠짐없이 함께할 수 없다면
>
> 단 한 발자국도 움직이지 않아.
>
> 성聖 요한에게 맹세컨대 그들은 익사하지 않을 것이고
>
> 그들의 목숨은 내가 구하겠어!
>
> 그리스도에게 맹세컨대 그들은 나를 온전히 사랑해!
>
> 당신은 이들을 모두 배에 태울 수밖에

---

5. 체스터 사이클 중 노아의 극에 대해서는 다음을 참고. Rice and Pappano, *The Civic Cycles*, 165~84.

아니라면 마음이 가는 대로 노를 저어가길

그럼 새 아내가 필요할 테지.[6]

이 장면은 아내가 남편을 때리는 육탄전으로 끝맺는다.

라이트가 주목하던 "선술집"은 "중하층 여성들이 마시고 친해지기 위해 모이는 휴식처였다." 그는 다음을 덧붙였다. "선술집 가십들의 만남은 15세기와 16세기 잉글랜드와 프랑스에서 많은 유행가의 주제가 되었다."[7] 그는 가십 모임을 묘사한 15세기 중반 무렵의 노래 한 곡을 예로 들었다. 여기서 "우연히 마주친" 여성들은 남편에게 발각되거나 주위의 시선을 끌지 않기 위해서 삼삼오오 짝을 지어 "가장 좋은 포도주를 찾아" 이동한다.[8] 그곳에 도착하자마자 그들은 포도주를 찬양하고 결혼생활에 대해 불평을 터트린다. 각자 귀가한 여성들은 "내내 교회에 있었다고

---

6. Wright, *A History of Domestic Manners and Sentiments in England during the Middle Ages*, 420~21.

7. 같은 책, 437~38.

8. 한 사람이 말했다. "하느님은 내게 동아줄 한둘쯤은 보내줄 수 있겠지." "내가 여기 있는 모습을 내 남편이 본다면 말이야." "어련히," 앨리스가 말했다. "누구든 두렵다면 집에 돌아가는 것이 나아. 나는 어떤 남자도 두렵지 않아." 같은 책, 438.

남편에게 말한다."[9]

신비극과 도덕극은 전환기의 산물이다. 당시 여성은 상당한 사회적 권력을 유지했지만, 도시에서 여성의 사회적 위치는 위협받고 있었다. (연극 제작을 후원하는) 길드가 여성을 집단에서 배제하고 공적 영역과 가정 사이에 새로운 경계를 도입했다. 놀랄 것도 없이, 그곳에서 여성은 시비조에 공격적인, 당장 남편과 싸울 태세를 갖춘 것으로 표현되고 훈계를 당했다. '남녀 주도권 투쟁'[10]을 재현한 사례들에서 이를 전형적으로 볼 수 있다. 여기에서 여성은 남편을 채찍질하고 그의 등에 걸터앉는 마나님dominatrix의 형상이었고 성별 역할의 역전을 구현한 모습이었다. 이는 아내가 "꼭대기에 앉는 것을" 허용한 남성에게 수치심을 주기 위한 것이었다.[11]

---

9. 같은 책, 439.

10. * battle for the breeches. "바지를 남성의 전유물로 보는 상징체계 속에서 여성이 바지를 입는 것을 남성성에 대한 공격이자 침해로 간주하는 것에서 유래했다."(실비아 페데리치, 『캘리번과 마녀』, 351쪽 16번 옮긴이 주석).

11. 억척스러운 아내에 대한 공격에 관해서는 다음을 참고. D.E. Underdown, "The Taming of the Scold : The Enforcement of Patriarchal Authority in Early Modern England," in *Order and Disorder in Early Modern England*, eds. Anthony Fletcher and John Stevenson (Cambridge : University of Cambridge Press, 1986), 129.

깊어지는 여성혐오 정서의 표현이었던 이런 풍자극은 길드를 남성의 전유물로 만들고자 했던 길드 정치에서 중요한 역할을 했다. 그러나 강력하고 소신이 뚜렷한 인물로 표현된 여성은 도시와 지방 어디에서나 남성에게 생계를 의존하지 않았던 당시의 젠더 관계의 특성을 반영한 것이기도 하다. 그들에게는 고유의 활동 영역이 있었고, 일상과 일의 많은 부분을 다른 여성들과 공유했다. 삶의 모든 측면에서 여성은 서로 협력했다. 그녀들은 [서로의] 옷을 바느질하거나 세탁했고, 남성의 출입을 엄격히 배제한 분만실에서 여러 여성에게 둘러싸여 출산했다. 여성들의 법적 지위는 더 큰 자율성을 반영했다. 14세기 만해도 이탈리아에서 폭행이나 추행을 저지른 남성을 고발하기 위해 여성은 독립적으로 법원에 갈 수 있었다.[12]

그러나 16세기에 이르러 여성의 사회적 지위가 악화하기 시작하면서 풍자의 방식도 진화했다. (특히 하층계급 여성에 대한) 대對여성 전쟁이라는 묘사가 과언이 아닐 정도로 풍자는 여성을 '잔소리꾼'이나 고압적인 아내라고 인

---

12. Samuel K. Cohn, "Donne in piazza e donne in tribunale a Firenze nel rinascimento," in *Studi Sorici* 22, no. 3 (July~September 1981) : 531~32.

신공격하거나 마녀 고발하는 방식으로 점점 더 많이 나타 났다.[13] 이 과정에서, 쓸데없이 잡담하는 여성을 지칭하는 말로 가십의 의미가 변화하기 시작한 것을 볼 수 있다.

[가십의] 전통적 의미가 오랫동안 남아있기는 했다. 1602년에 사무엘 롤렌즈는, 선술집에서 남자와 결혼에 관해 이야기하며 시간을 보내는 세 명의 런던 여성을 묘사한 풍자적인 작품 『가십들이 만나면 즐겁지』를 썼다. 이 작품에서 가십이라는 단어는 여전히 여성 간의 우정을 의미했다. 이는 "여성들이 사회 연결망과 그들 자신만의 사회적 공간을 만들어내고" 남성의 권위에 맞설 수 있었음을 함의한다.[14] 그러나 고작 한 세기만에 단어의 부정적 함의가 널리 퍼졌다. 앞서 언급했듯, 이런 의미 전환은 가족 내 가부장적 권위의 강화와 동업조합에서의 여성 배제가 맞물리며 진행되었다.[15] 이것이 인클로저 과정과 결합

---

13. 다음을 참고. Underdown, "The Taming of the Scold," 116~6.

14. Bernard Capp, *When Gossips Meet : Women, Family, and Neighbourhood in Early Modern England* (Oxford : Oxford University Press, 2003), 117.

15. 잉글랜드, 프랑스, 독일, 네덜란드의 상공업에서 여성이 배제된 것에 관한 문헌은 광범위하다. 잉글랜드의 경우는 다음을 참고. Alice Clark, *Working Life of Women in the Seventeenth Century* (London : Routledge &

하면서 "빈곤의 여성화"16를 가져왔다. 가족 그리고 (부인과 자녀들에게는 국가의 권력을 상징하는 것과 같은) 가내 남성 권력이 공고화되고 여성이 종전의 생계수단에 더는 접근할 수 없게 됨에 따라 여성의 힘과 여성 간 우정은 모두 약화되었다.

그 결과, 후기 중세 시대에는 남편에게 맞서거나 심지어는 남편과 난투를 벌이는 아내를 묘사하는 것이 여전히 가능했지만, 16세기 말에 이르면 남편을 향한 여성의 비판이나 독립에 대한 의사표시는 모조리 엄중한 처벌의 대상이 되었다. 당시의 문헌이 거듭 강조한 순종은 여성의 첫번째 의무였다. 교회, 법, 여론, 심지어 잔혹한 형벌이 그것을 강요했다. '잔소리꾼'을 벌하기 위해 '재갈'이라고도 불리는 '잔소리꾼 굴레'가 도입되었다. 철과 가죽으로 만들어진 이 가학적인 장치는 말하려고 하는 여성의 혀[의 살점]를 뜯어내기 위해 여성의 머리 위에 씌워졌다. 길이 2인치

Kegan Paul, 1982 [1919]).

16. Marianne Hester, "Patriarchal Reconstruction and Witch Hunting," in *Witchcraft in Early Modern Europe : Studies in Culture and Belief,* eds. Jonathan Barry, Marianne Hester, and Gareth Roberts (Cambridge : Cambridge University Press, 1996), 302.

[5.08센티미터], 폭 1인치[2.54센티미터]의 재갈이 물리면 혓바닥이 짓눌렸고, 촘촘하게 박힌 징이 통증을 유발해 말을 하지 못하게 만들었다.

1567년에 처음으로 스코틀랜드의 기록에 등장한 이 고문 기구는 '바가지 긁는', '잔소리하는', 난동을 부리는 하층계급 여성을 벌하기 위해 설계되었다. 이 여성들은 자주 마술을 쓴다고 의심받았다. 마녀, 성질 나쁜 여자, 잔소리꾼으로 몰린 아내들의 머리 위에도 이 기구는 씌워졌다.[17] 이것은 '가십 굴레'라고도 불렸는데, 이는 가십이라는 용어의 의미가 바뀌었음을 보여준다. 고발당한 자는 머리와 입에 고정된 틀을 쓴 채 마을을 통과하는 잔인한 공개 망신을 당하기도 했다. 복종하지 않은 여성이 무엇을 감수해야 하는지 보여주는 이러한 공개 망신은 모든 여성을 공포에 몰아넣었을 것이다. 중요한 것은, 18세기까지 미국 버지니아주에서 이 기구가 노예를 통제하는 데 사용되었다는 것이다.[18]

---

17. 다음을 참고. Underdown, "The Taming of the Scold," 123.
18. * 대서양 노예무역에서 '재갈'을 비롯한 각종 고문기구의 사용, 노예무역의 폭력성, 그리고 그에 맞서는 노예들의 저항에 대해서는 마커스 레디커의 『노예선』(갈무리, 2018)을 참조하라.

독단적이거나 반항적인 여성이 겪은 또 다른 고문 방식은 창부나 반[反]인클로저 저항에 참여한 여성을 벌하는데 사용하기도 했던 '징벌 의자' 또는 '물고문 의자'이다.[19] 이것은 포박한 여성을 "앉은 채로 연못이나 강에 가라앉혔다." 언더던에 따르면, "1560년 이후부터 이 의자의 사용을 보여주는 증거가 배가하기 시작했다."[20]

여성은 '잔소리'를 빌미로 법정에 불려 와 벌금을 물었고, 성직자들은 예배 시간에 여성의 혓바닥을 맹렬히 비난했다. 아내는 "의심 없이 남편에게 순종"하고 "충만한 경외로 그를 대하며" 입을 다물고 있어야 했다. 무엇보다 아내는 남편과 가정에 열과 성을 다해야 했고 창가나 문 앞에서 시간을 쏟지 않도록 지시받았다. 심지어는 결혼 후에 너무 잦은 친정 방문을 해서도 안 되었고 다른 것보다도 여성 친구들과 시간을 보내는 것을 삼가야 했다. 그 후 1547년, "여성들이 함께 모여 왁자지껄하게 떠드는 것을 금지하는 선언서가 발행"되었고 남편들에게는 "아내를 집 안에

---

19. Underdown, "The Taming of the Scold," 123~5; 또 S.D. Amussen, "Gender, Family and the Social Order, 1560~725," in Fletcher and Stevenson, *Order and Disorder in Early Modern England*, 215를 참조하라.

20. Underdown, "The Taming of the Scold," 123.

머물게 하라"는 명령이 내려졌다.[21] 여성 간 우정은 마녀사
냥의 표적 중 하나였다. 고발당한 여성들이 서로를 밀고하
도록 재판 과정에서 계속 고문을 받았고 그래서 친구가 친
구를 고발하고 딸이 어머니를 고발하는 일도 생겼다.

이런 맥락 속에서 우정과 애정을 뜻하던 '가십'은 폄하
와 조롱을 품은 의미로 바뀌었다. 본래의 의미로 사용될
때조차 새로운 함의가 담겼고, 16세기 후반에는 사회적으
로 수용가능한 행동을 사적 책망이나 공적 의례를 통해
강제하는 비공식 여성 집단을 가리키게 되었다. 이는 (산
파의 경우에서처럼) 여성 간의 협력이 사회 질서 유지에
이용되었음을 보여준다.

가십하기와 여성적 관점의 형성

오늘날 가십은 주로 대상이 된 이를 훼손하는 비공식
적인 대화인 잡담을 의미한다. 무책임하게 타인을 폄하하
면서 만족을 느끼는 이야기가 가십이다. 가십은 많은 사

---

21. Louis B. Wright, *Middle-Class Culture in Elizabethan England* (Ithaca,
    NY : Cornell University Press, 1965 [1935]).

람이 듣도록 하기 위해서 정보를 유통하는 것은 아니지만, 사람들의 평판을 훼손할 수 있는 여지가 있다. 그러한 가십은 '여자들의 수다'임이 틀림없다.

'가십'은 여성이 하는 것이다. 가십하는 여성은 특별히 할 일이 없는 사람, 실제 지식과 정보에 접근하기 어려운 사람, 사실에 근거한 합리적 담론을 구성할 구조적 능력이 부족한 사람으로 치부된다. 이러한 의미의 가십은 여성의 인격과 여성의 일을 평가절하하는 데 없어서는 안 될 부분이다. 특히 가사노동은 가십이 퍼지는 이상적인 영역으로 정평이 나 있다.

앞서 살펴보았듯이, '가십'의 개념은 특수한 역사적 맥락에서 출현했다. 다른 문화 전통에서는 '한가한 여성들이 하는 말'이 상당히 다르게 평가된다. 지구 곳곳에서 역사적으로 여성은, 기억을 엮어 짜는 사람들weavers of memory로 여겨져 왔다. 즉 과거의 목소리와 공동체의 역사에 숨을 불어넣고 다음 세대에 전승하는 사람, 그럼으로써 집단 정체성을 만들어내고 서로가 단단히 연결되어 있다는 심원한 감각을 창출해내는 사람으로 여겨져 왔다. 또 남성과 관련된 것부터 시작해 의료적 치료, 심리요법, 인간 행위에 대한 이해에 이르기까지 습득한 지식과 지혜를 물려주는 것도 여성들이다. 이 모든 지식 생산에 '가십'이라는 딱지를 붙이는 것은 악마연구자들이 만들어낸 정형화된 여성상, 즉 쉽게 사악해지고, 다른 사람의 부와 권력을 시기하고, 악마의 속삭임에 넘어가기 쉬운 존재라는 그러한 여성상의 연속선상에 있는 것으로서, 여성 비하에 속한다. 이것이 여성을 침묵시키는 방법이다. 그리고 오늘날까지 여성은 의사결정이 이루어지는 수많은 지점에서 배제되고 자신의 고유한 경험을 명확하게 말할 가능성을 박탈당하고 있다. 그리고 남성이 만들어낸 여성혐오적이고 이상화된 여성상 속에서 살아가도록 강제된다. 그러나 우리는 우리의 지식을 되찾는 중이다. 최근 한 여성이 마녀술의 의미에 대한 한 회의 자리에서 한마디로 표현했듯이, 마법이란 "우리가 안다는 것을 아는 것"이다.

2부

자본 축적의
새로운 형태와
우리 시대의
마녀사냥

6장

지구화, 자본 축적, 여성에 대한 폭력

국제적, 역사적 관점[1]

세계 곳곳에서 발생하는 신종 마녀사냥의 확산부터 날마다 증가하는 여성 살해까지, 여성을 겨냥한 새로운 전쟁이 벌어지고 있다는 증거가 쌓여가고 있다. 이 전쟁의 동기와 배후의 논리는 무엇인가? 이 주제에 대해서는 주로 라틴아메리카 출신 페미니스트 학자와 활동가 들이 작업을 해 왔다. 이 문헌에 기반하여 나는 새로운 형태의 폭력을 역사적 맥락에 위치시키고 과거와 현재의 자본주의 발전이

---

1. 이 글은 2016년 3월 5일부터 29일까지 콜롬비아 부에나벤투라에서 개최된 여성살해 포럼의 발표문에 기초한다. "The Politics of Everyday Life," special issue, *Artforum* 55, no. 10 (Summer 2017) : 282~88.

여성의 삶과 젠더 관계에 미친 영향을 평가함으로써 이 문제를 살피고자 한다. 이러한 배경에 기대어, 나는 또한 가정폭력, 가족구조 바깥의 폭력, 제도적 폭력 등 다양한 형태의 폭력과 그 폭력을 종식하기 위해 전 세계 여성들이 만들어 내고 있는 저항 전략 사이의 관계를 검토할 것이다.

여성살해의 증가

　페미니스트 운동의 시초부터 여성에 대한 폭력은 페미니스트 조직화에서 주요한 주제였다. 1976년 3월에 40개국 여성들이 브뤼셀에 모인 〈반反여성 범죄에 대한 첫 번째 국제 재판소〉[2]는 그 열망의 산물이었다. 그곳에서는 강제된 모성과 불임시술, 강간, 구타를 비롯해 정신병원에 감금되거나 감옥 내에서 야만적 대우를 받은 것에 대한 증언이 쏟아졌다.[3] 그 이후 페미니스트 반폭력 단체도 증

---

2. * International Tribunal on Crimes against Women. 유엔총회에서 '세계여성의 해'로 지정된 1975년부터 여성학자 다이애나 러셀과 니콜 반 데 빈을 비롯한 여성 활동가들이 주도한 모의 법정이다. 1976년 3월 4일부터 여성의 날로 지정된 3월 8일까지 5일간 40개국 2천여 명의 여성 활동가에 의해 여성 억압과 폭력에 관한 증언과 규탄이 이어졌다.

가했는데, 〈유엔세계여성대회〉⁴를 뒤이어 많은 국가에서 관련 법안을 제정했기 때문이다. 그러나 여성에 대한 폭력은 줄어들기는커녕 세계 방방곡곡에서 증가해 왔고 최근 페미니스트들은 이 치명적 양상을 여성살해femicide라고 명명하기에 이르렀다. 살해되고 학대받는 여성의 수로 파악되는 폭력은 계속 증가할 뿐 아니라 페미니스트 작가들이 보여준 것처럼 더욱더 공공연하고 잔인해졌고 전시를 방불케 하는 양상을 보인다.[5]

이러한 변화의 동력은 무엇이고 이것이 세계 경제와 여성의 사회적 지위의 변형에 대해 우리에게 말해주는 바는

---

3. Diana E.H. Russell and Nicole Van de Ven, ed., *Crimes against Women: Proceedings of the International Tribunal*, 2nd ed. (Berkeley: Russell Publications, 1990 [1976]), 2018년 5월 3일 접속, http://womenation.org/wp-content/uploads/2013/09/Crimes_Against_Women_Tribunal.pdf을 참조하라.

4. * United Nations World Conferences on Women. 1975년 멕시코에서 처음 개최된 이후 1980년, 1985년, 1995년 유엔에서 개최한 행사로 1995년 개최된 제4차 북경여성대회에서 발표한 베이징선언과 행동강령은 여성에 대한 폭력(violence against women)의 방지와 철폐를 촉구했다.

5. 이러한 맥락에서 가장 중요한 것은 아르헨티나 연구활동가인 리따 라우라 세가또의 작업이다. *La escritura en el cuerpo de las mujeres asesinadas en Ciudad Juarez: territorio, soberania y crimenes de segundo estado* (Mexico City: Universidad del Claustro de Sor Juana, 2006). *Las nuevas formas de la guerra y el cuerpo de las mujeres* (Puebla: Pez en el Arbol, 2014).

무엇인가? 이 질문들에 대해서 다양한 답변이 제출되었다. 그러나 이 새롭게 급증하는 폭력의 근본적 원인은 새로운 형태의 자본 축적이라는 증거가 늘어가고 있다. 이는 토지 강탈, 공동체주의 관계의 파괴, 여성의 신체와 노동의 착취 강화와 연관되어 있다.

다시 말해서, 새로운 방식의 여성에 대한 폭력이 나타날 때 그것의 근본적인 원인은 언제나 자본주의 발전과 국가 권력을 구성하는 구조적 경향에 있다는 것이다.

자본주의와 여성에 대한 폭력

자본주의 발전은 여성과의 전쟁으로 시작되었다. 16세기부터 17세기까지 유럽과 신대륙의 마녀사냥은 수만 명의 목숨을 앗아갔다. 『캘리번과 마녀』(2004)에서 언급하였듯이 이 역사적으로 유례없는 현상은 맑스가 시초축적이라고 정의한 과정의 핵심 요소였다. 마녀사냥은 여성 주체와 실천으로 이루어진 하나의 세계를 파괴했다. 왜냐하면, 이 세계가 부상하는 자본주의 체제의 핵심 조건들인 대규모 노동인구의 축적과 더 강제적인 노동규율에 방해가 되었기 때문이다. 여성을 '마녀'로 지목하고 박해하는 것은 유럽 여성을 무급 가사노동에 구속하는 길을 닦았고, 가족 안팎에서 남성에 대한 여성의 종속이 정당화되었다. 마녀사냥은 국가에 여성의 재생산 능력에 대한 통제권을 부여했고 새로운 노동자 세대의 생성을 보장했다. 이런 식으로 마녀사냥은 하나의 구체적인 질서 즉 자본주의적이고 가부장적인 질서를 구성하였다. 그 질서가 여성의 저항과 노동시장의 변동하는 수요에 그때그때 적응하면서 오늘날까지 이어져오고 있는 것이다.

마녀로 고발당한 여성에 대한 고문과 처형은 머지않아 다른 여성들에게 교훈을 주었다. 그것은 여성이 사회적으로 받아들여지기 위해서는 복종하고 침묵하며 고된 노동과 남성의 학대를 감내해야 한다는 교훈이었다. 18세기까지도 맞서 싸우는 자에게는 '꾸짖음의 굴레'가 씌워졌다. 쇠와 가죽으로 만들어진 이 장치는 노예에게 재갈을 물리는 용도로도 사용되었는데, 착용자의 머리에 씌워져 말하고자 하면 혓바닥을 찢었다. 젠더 특정적인 형태의 폭력은 미국 대농장에서도 자행되었다. 18세기에 이르면 농장주들이 아프리카로부터의 노예 수입을 버지니아주를 중심으로 하는 지역 번식산업으로 대체하려고 시도하면서, 여성 노예에 대한 주인의 성폭행이 체계적인 강간의 정치로 자리 잡았다.[6]

마녀사냥의 종식과 노예제의 폐지에도 불구하고 여성에 대한 폭력은 사라지지 않았고, 그와는 정반대로 규범화되었다. 1920년대와 1930년대에 우생학 운동이 정점에 달하면서 여성의 '성적 문란함'이 정신박약의 한 증상으로 여겨졌고, 강제로 정신병원에 수용되고 불임시술을 받아야 했다.[7] 1960년대까지 미국 전역에서는 유색인종 여성, 저소득층 여성, 간음하는 여성에 대한 불임시술이 성행했고, 이는 "가장 급격하게 증가하는 인구통제 방식"이 되었다.[8] 여성에 대한 폭력의 범주에는 1950년대에 우울증을

---

6. Ned Sublette and Constance Sublette, *The American Slave Coast : A History of the Slave-Breeding Industry* (Chicago : Lawrence Hill Books, 2016). [* 수전 브라운밀러, 『우리의 의지에 반하여』(오월의봄, 2018)의 5장은 흑인 여성노예에 대한 강간이 노예제에서 "제도화된 범죄"였음을 설명한다.]

7. 1930년대에 『새로운 대중』(*New Masses*)에 실린 일련의 기사에서 메리델 르 수우르(Meridel Le Sueur)는 대공황 시기에 생활보장 대상자인 노동계층 실업 여성이 처한 상황을 묘사했다. 이들은 사회 복지사에 의해 납치되거나, 시설에 끌려가거나, 강제로 불임당할지도 모른다는 두려움 속에서 살아야 했다. Meridel Le Sueur, *Women on the Breadlines*, 2nd rev. ed. (New York : West End Press, 1984 [1977]).

치료하는 데 뇌엽절제술이 광범위하게 사용되었다는 사실도 포함해야 한다. 당시에는 가사노동이란 두뇌 활동이 필요하지 않은 것으로 여겨졌고, 가사노동이 곧 팔자인 여성에게는 이런 수술이 이상적이라고 생각되었다.

가장 중요한 것은, 조반나 프랑카 달라 코스따가 『사랑이라는 노동』(1978)에서 지적했듯, 폭력은 핵가족에서 항상 행간에 숨어 있는 가능성으로 존재해 왔다는 것이다. 왜냐하면, 남성에게는 그들이 받는 임금을 통해서, 여성의 무급 가사노동을 감독하고, 여성을 하인으로 취급하고, 여성의 노동거부를 벌할 권력이 부여되기 때문이다. 이것이 최근까지도 남성에 의한 가정폭력이 범죄로 간주되지 않은 이유다. 부모가 자신들의 자녀를 미래의 노동자로 훈육하는 것의 일부로 그 자녀들을 벌할 권리를 국가가 정당화해 준 것과 마찬가지로, 법원과 경찰은 여성에 대한 가정폭력을 집사람의 의무를 다하지 않은 여성이 마땅히 받아야 할 대가로 치부했다.

여성에 대한 폭력은 가족과 젠더 관계의 구조적 측면

---

8. Dorothy Roberts, *Killing the Black Body : Race, Reproduction, and the Meaning of Liberty* (New York : Vintage Books, 2016 [1997]), 90~91.

의 하나로 정상화[규범화]normalize되었는데, 최근 수십 년간의 상황은 '정상[규범]'의 범위를 넘어서는 양상을 보이고 있다. 후아레스시에서 일어난 연쇄살인 사건이 그 대표적인 사례이다. 후아레스시는 텍사스주 엘파소에서 멕시코 국경을 넘어 위치한 곳인데, 여기에서 지난 20년 동안 수백 명의 여성이 사라졌고 그들의 훼손된 신체는 종종 공공장소에서 유기된 채 발견된다. 이것은 유일한 사례가 아니다. 라틴아메리카에서는 일상적으로 여성 납치와 살인이 벌어지고 있는 것이 현실이다. 그리고 이는 1980년대 이 지역 많은 나라를 피로 물들였던 '더러운 전쟁'9을 떠올리게 한다. 자본가 계급은 1960년대와 1970년대 블랙파워운동 같은 반식민주의, 페미니스트, 반인종차별 투쟁으로 약화된 그들의 권력을 공고히 하기 위해서라면 세상이라도 뒤집으려 하기 때문이다. 그들은 사람들의 재생산 수단을 공격하고 영구적인 전쟁체제를 제도화함으로써 그렇게 한다.

---

9. * 더러운 전쟁(Dirty wars)은 1960년부터 1980년대까지 아르헨티나, 브라질, 우루과이, 칠레 등 라틴아메리카 국가에서 우익 독재정권이 좌파를 탄압하며 은밀하게 저지른 집단 성폭행, 납치, 살인 등의 국가 테러를 지칭한다.

다시 말해서, 여성에 대한 폭력, 특히 아프리카계 아메리카인과 및 아메리카 선주민 여성에 대한 폭력이 증가하는 이유는, 자본이 이 세계의 자연자원과 인간노동에 대한 압도적인 통제권을 공고히 하기 위해 필요한 정치적 재식민화 과정이 '지구화'이며, 지구화는 자기 공동체의 재생산을 직접적으로 책임지고 있는 여성들을 공격하지 않고는 달성될 수 없기 때문이라는 것이 나의 논지이다. 당연하게도, 여성에 대한 폭력은 천연자원이 풍부하여 상업적 모험기업commercial venture의 거점이 되고 있고 반식민주의 투쟁이 가장 강력하게 벌어져 온 지역들(사하라 사막 이남 아프리카, 라틴아메리카, 동남아시아 등)에서 더욱 극심해졌다. 여성에 대한 야만적 행위는 '신 인클로저'new enclosures가 기능하도록 만들어 준다.[10] 그리고 수년간 전 지역을 초토화한 토지 횡령, 사유화, 전쟁의 밑거름이 되었다.

---

10. '신 인클로저'(new enclosures) 개념은 이 주제를 다룬 『미드나잇 노츠』(*Midnight Notes*) 시리즈에서 다뤄졌으며, 아프리카와 다른 식민지 지역에서 일반적이었던 공유지[공통장] 제도의 파괴나 구조조정 같은 사업의 결과가 무엇인지를 서술했다. Midnight Notes Collective, "The New Enclosures", *Midnight Notes* no. 10 (1990), 2018년 6월 13일 접속, https://libcom.org/files/mn10-newenclosures.pdf를 참조하라.

여성에게 자행된 공격의 잔인함은 대개 너무나 극단적이어서 그 어떤 효율성도 없어 보인다. 라틴아메리카에서 활동하는 불법 무장단체가 여성의 신체에 가한 고문에 대하여, 리따 라우라 세가또는 '폭력의 전시'expressive violence와 '잔혹함의 페다고지'pedagogical cruelty에 대해 논한다. 세가또에 따르면 이 무장단체들의 목적은 여성을 선제공격함으로써 전 인구가 공포에 떨게 하는 것, 그리하여 자비를 기대하지 말라는 메시지를 모두에게 전하는 것이다.[11] 여성에 대한 폭력의 효과로서 사람들은 집과 농지, 선조들의 땅을 떠나게 되고, 그 자리에는 거주민이 떠난 광대한 영토가 남는다. 이는 오늘날 아프리카와 라틴아메리카에서 수많은 마을이 내쫓긴 자리를 차지한 광업과 정유업 회사들의 운영에서 결정적인 요소이다. 이처럼 세계은행과 유엔 같은 국제기구의 요구사항mandates에는 이면이 존재한다. 그들은 전 지구적 경제 정책을 계획하고 광업법을 제정하여 기업 활동의 근거가 되는 신식민적 조건을 조성했다. 콩고민주공화국의 다이아몬드, 콜탄, 구리 광산 지역

---

11. Rita Laura Segato, *La escritura en el cuerpo de las mujeres asesinadas en Ciudad Juarez*, 22~23.

의 무장단체가 여성의 질에 총을 쏘거나 과테말라 군인이 임산부의 배를 칼로 찢어 개복하는 일이 계속해서 반게릴라 전쟁으로 묘사되는 상황을 이해하려면, 우리는 국제기구의 사무국과 그들의 개발 계획에 주목해야 한다. 세가또가 옳다. 여느 공동체의 일상으로부터 그런 폭력이 갑자기 발생하지는 않는다. 그것은 '사용설명서에 따른 폭력'handbook violence이라고 할 수 있다. 이 폭력은 최대한의 면책을 보장받은 채 계획되고, 계산되고, 시행된 것이다. 오늘날 광업 기업이 땅, 강, 개울을 치명적인 화학 물질로 오염시키면서도 완전한 면책을 받고, 이러한 자원에 의지해서 살아가는 사람들이 저항의 낌새만 보여도 보안요원에 의해 구금되는 것을 보라. 직접적인 가해자가 누구인지와 관계없이, 강력한 국가와 기관만이 그런 식의 초토화를 허가하고 그 장본인이 절대 재판에 회부되지 않도록 보장할 수 있다.

여성에 대한 폭력이 이 새로운 전 지구적 전쟁의 핵심 요소임을 강조해야 한다. 이것이 보내는 메시지와 유발하는 공포 때문만이 아니다. 여성이 공동체를 결속시킬 수 있는 능력을, 그리고 또 그만큼 중요한 것으로, 안전과 부에 대한 비상업적 사고방식을 지킬 수 있는 능력을 갖고 있다는 점을 고려해야 한다. 예를 들어, 최근까지도 아프리카와 인도에서 여성들은 공유지에 접근할 수 있었고, 그리하여 상당한 시간을 자급 농업에 기울였다. 그러나 공유지의 사용권과 자급 농업이 세계 빈곤의 원인이라는 세계은행의 강력한 제도적 공격이 감행되었다. 이는 법적으로 등록되어, 기업적 활동을 시작하기 위한 은행 대출 담보로 사용되지 않는 토지는 '무가치 자산'이라고 가정하는 것을 근거로 한다.

실상은 다르다. 많은 사람이 극악한 재정 긴축에서 살아남을 수 있었던 것은 자급 농업 덕분이었다. 그러나 세계은행식의 비판은 정부 당국과 현지 지도자가 참석하는 숱한 회의에서 반복되었고 아프리카와 인도에서 성공적이었다. 여성은 자급 농업을 포기하고 상품생산에서 남편의 보조자로서 일하도록 강요받았다. 마리아 미즈에 따르면 이 강제된 의존은 농촌 여성이 "개발 과정으로 통합되는" 구체적인 방식 중 하나이며, 이때 개발 과정 자체도 폭력적으로 진행된다. 이는 "가부장적 남녀 관계에 내재한 폭력으로 보장될" 뿐만 아니라 여성을 평가절하함으로써 각

공동체의 남성들이 여성은 (특히 고령일수록) 쓸모없는 존재이고, 그들의 자산과 노동력은 아무런 거리낌도 없이 전유할 수 있는 것이라고 여기게 만든다.

1990년대 이래로 재도래한 마녀사냥은 세계 여러 곳의 여성에게 고통을 안겼다. 특히 아프리카와 인도가 심각했다. 이 현상의 근원에도 토지 소유권에 대한 법과 규범의 변화, 그리고 무엇이 가치의 원천으로 여겨질 수 있는지에 대한 개념의 변화가 있다. 마녀사냥의 부활에는 여러 영향 요인이 있었다. 영양실조가 만연하고 건강보장 체계가 붕괴한 사회에서 수십 년간의 빈곤과 AIDS 등 질병이 창궐했고 공동체적 연대가 무너졌다. 빈곤이 개인적 결점이나 마녀의 악행에 의해 초래되었다고 설교하는 신칼뱅주의 복음주의 종파의 유행도 또 하나의 요인으로 볼 수 있다. 그러나 마술 고발은 상업적 사업이 지정된 지역이나 (인도의 부족 공동체처럼) 토지 민영화 과정이 진행 중인 지역, 그리고 고발된 이에게 압수할 수 있는 토지가 있는 시기에 더 자주 발생했다. 특히 아프리카에서 희생자들은 약간의 토지에 의지해 홀로 사는 나이 든 여성들이었다. 고발자는 공동체나 심지어 그들 가족 내 젊은 구성원으로, 대개는 실업자인 이 청년들은 자신들이 소유해야 마땅한 것을 나이 든 여성이 강탈했다고 여겼다. 종종 잇속을 차리기 위해 모의하는 지역 지도자들을 포함하여 배후에서 움직이는 세력이 젊은이들을 조종하기도 한다.[12]

새로운 형태의 자본 축적이 여성에 대한 폭력을 촉발하는 다른 방법들도 있다. 실업, 불안정 노동, 가족임금의 붕괴가 바로 그 핵심이다. 고정 수입을 빼앗겨 빈곤해진 남성은 자신의 좌절을 가족 내 여성에게 화풀이한다. 또는 여성의 신체와 노동을 착취해서, 잃어버린 돈과 사회적 권력을 만회하고자 한다. 이런 사례로는 인도의 '지참금 살인'이 있다. 중산층 남성은 신부가 가져온 지참금이 불만족스럽거나 다른 여성과 결혼해 또 다른 지참금을 얻고자 할 때 여성을 살해한다. 또 다른 예로는 인신매매가 있다. 성 산업 확장의 핵심 요소인 이것은 "가장 가혹한 형태"crudest form [13]의 노예노동을 강제하는 남성 범죄 조직들

---

12. 아프리카에서의 마녀사냥에 관해서는 이 책의 7장 「현재 아프리카에서 일어나고 있는 마녀사냥, 지구화 그리고 페미니스트 연대」를 참조하라.

13. Maria Mies, *Patriarchy and Accumulation on a World Scale* (London : Zed Books, 2014 [1986]), 146 [마리아 미즈, 『가부장제와 자본주의』, 최재인 옮김, 갈무리, 2014].

에 의해 주로 운영된다.

여기에서 개인의 미시정치는 제도적인 거시정치를 모방하고 그것과 병합된다. 불안정한 조건에 처한 남성에게 뿐만 아니라 자본에 있어서도 여성의 가치는 점점 더 무급 가사노동보다 자신의 노동과 신체를 시장에 내다 팔아 제공할 수 있는 싼값의 유급 노동에 좌우되게 된다. [왜냐하면] 안정적인 남성 임금으로 뒷받침되어야 하는 무급 가사노동은 소수 영역의 인구를 제외하면 현대 자본주의에서 단계적으로 폐지되고 있기 때문이다. 여성의 집안일이나 새로운 세대를 생산하는 일이 사라진 것은 아니지만 사회적 인정을 받을 수 없게 되었다. 반대로 임신은 골칫거리가 되는데, 남성이 임신에 대한 책임을 억울하게 여기게 되면서 여성은 점점 더 폭력에 취약해진다. 그리하여 새롭게 출현한 정치경제는 더욱 폭력적인 가족관계를 양성한다. 이제 여성은 남성에게 의존해서는 안 되고 가정을 위한 소득을 창출해야 하는 상황임에도, 집안일에 소홀하거나 금전적 기여분에 따른 권력을 요구할 시에는 학대받는다.

여성은 가족을 부양하기 위해 가정을 떠나 이주하고 (행상인, 상인, 성노동자처럼) 거리의 재생산 노동을 떠맡게 되었다. 이 역시 여성에 대한 새로운 형태의 폭력을 유발한다. 실제로, 여성의 세계 경제에의 통합이 폭력적 과정임을 보여주는 증거는 아주 많다. 라틴아메리카 여성 이주민은 무장한 국경수비대에 의한 강간에 대비해 피임약을 복용하는 것으로 잘 알려져 있다. 노점상들은 물건을 압수하려는 경찰과 대치한다. 쥘 팔케에 따르면 여성이 남성 한 명을 시중드는 것에서 (요리, 청소, 성적 서비스 제공 등으로) 다수 남성의 시중을 들게 되면서, 전통적인 제약 형태가 무너지고 여성은 학대에 더욱 취약해졌다. 개별 남성들이 저지르는 폭력은 여성들이 점점 더 적극적으로 자율성과 경제적 독립성을 요구하는 것에 대한 반응이기도 하다. 간단히 말해 이것은 부상하는 페미니즘에 대한 백래시backlash이다.[14] 1989년 12월 6일 벌어진 몬트리올 에콜 폴리테크닉 학살은 이러한 유형의 폭력이 폭발한 사례

---

14. Jane Caputi and Diana E.H. Russell, "Femicide : Sexist Terrorism Against Women," in *Femicide : The Politics of Woman Killing*, eds. Jill Radford and Diana E.H. Russell (New York : Twayne Publishers, 1992), 13~21. [제인 카푸티·다이애나 E. H. 러셀, 「페미사이드 : 여성을 향한 성차별적 테러리즘」, 『페미사이드 : 여성혐오 살해의 모든 것』, 다이애나 E. H. 러셀·질 래드퍼드 엮음, 전경훈 옮김, 책세상, 2018, 41~61쪽.]

"우리는 당신들이 불태우지 못한 마녀의 후손들이다!" 2017년 2월 4일 미국 세인트루이스에서 열린, 트럼프 정권의 반이민 행정명령에 반대하는 시위. (출처:http://bit.ly/3m8lRcp)

이다. 한 남성이 교실로 들어가 남성들을 내보냈고, 남은 여성들에게 "너희는 모두 빌어먹을 페미니스트야"라고 외치면서 총격을 가해 14명의 여성을 살해했다. 여성혐오는 또한 인종차별과 결합해 있다. 미국에서는 1980년대부터 여성살해가 꾸준히 증가해 매해 3천여 명의 여성이 살해당하는데, 유색인종 여성에 대한 살인사건은 백인 여성이 살해당했을 때보다 언론의 조명을 덜 받는 것이 보통이고 사건 해결도 요원한 경우가 많다. 이는 미국 로스앤젤레스와 다른 도시에서 저소득층 아프리카계 미국인 여성의 연쇄살인에 대한 조사가 지지부진한 것만 보아도 알 수 있다. 트랜스포비아 또한 여성혐오와 결합해 있다. 2010년부터 2016년 사이에, 미국에서는 적어도 111명의 트랜스젠더와 젠더비순응인 사람들gender-nonconforming people이 살해당했고 이들 중 대다수는 흑인 트랜스 여성이었다. 〈전국 폭력 방지 프로그램 연합〉에 따르면, 2016년 한 해 동안 이러한 살인사건은 23건이 일어났고, 이는 이 단체의 역사상 가장 높은 수치이다. 캐나다에서도 인종화된 폭력은 증가하고 있다. 대부분이 북아메리카 선주민인 수십 명의 여성이 실종되었고, 이후에 눈물의 고속도로Highway of Tears

라고 불리는 도로를 따라 시신들이 발견되었다.[15]

이러한 형태의 폭력은 준군사 무장단체, 마약단체, 사설군대와 민간보안업체에 의한 여성폭력과 분명히 다르지만 이것들이 서로 깊이 연관되어 있음은 분명하다. 사일라 마인떼스, 아누 필레이, 메레데스 털셴이 지적하듯이[16], 전시폭력과 평시폭력은 여성의 자율성에 대한 부정이라는 점에서 연결된다. 이는 다시 성적인 통제와 자원의 배분과 연관된다. 마리아 미즈는 또한 이렇게 지적한다. "폭력과 강압에 기반을 둔 모든 생산관계에서 우리는 남성(아버지, 형제, 남편, 포주, 아들), 가부장제 가족, 국가 및 자본주의 기업 사이의 상호 작용을 관찰할 수 있다."[17] (군사폭력, 무장단체의 폭력, 마녀사냥과 같은) 공적public 폭력과 가정폭력은 서로에게 양분養分이 된다. 여성들은 흔히 가족

---

15. Dan Levin, "Dozens of Women Vanish on Canada's Highway of Tears, and Most Cases Are Unsolved," *New York Times*, 2016년 5월 24일 수정, 2018년 5월 9일 접속, https://www.nytimes.com/2016/05/25/world/americas/canada-indigenous-womenhighway16.html.

16. Sheila Meintjes, Anu Pillay, and Meredeth Turshen, ed., *The Aftermath : Women in Post-conflict Transformations* (London : Zed Books, 2001).

17. * 마리아 미즈, 『가부장제와 자본주의』, 146쪽.

에게 거부당하거나 더욱 극심한 폭력을 당할까 두려워 학대를 고발하지 않는다. 다른 한편으로는, 가정폭력에 대한 제도적 관용이 여성에게 가해진 공적 폭력을 규범화하는 면책을 하나의 문화로 만든다.

위에서 언급한 모든 사례에서, 여성에 대한 폭력은 물리적physical 폭력이다. 그러나 사회경제 정책과 재생산의 시장화가 자행한 폭력을 무시해서는 안 된다. 복지, 고용, 사회서비스의 삭감으로 인한 빈곤을 그 자체로 폭력의 한 가지 형태로 간주하여야 하고, 새로운 노예 농장들인 마낄라스maquilas에서 나타난 것과 같은 비인도적인 노동조건도 그러하다. 극심한 형태의 폭력은 더 있다. 의료 보장의 부족, 임신중지 접근권 부정, 여아 선별 임신중지, '인구 조절'이라는 이름으로 실시된 아프리카·인도·라틴아메리카 여성의 강제불임화, 그리고 특히 대출을 상환할 수 없는 이들에게 재앙을 초래하는 '마이크로크레딧'[18] 등이 있다. 여기에 우리는 일상에 만연한 군사화를 추가해야 한

18. * microcredit. 저소득, 저신용자에게 자활에 필요한 창업 및 운영자금 등을 무담보·무보증으로 지원하는 대출상품으로 한국에는 '미소금융'이라는 용어로 도입되었다. 한국 성매매산업과 관련된 마이크로크레딧 사례에 대한 분석은 김주희의 『레이디 크레딧』(현실문화, 2020)을 참고하라.

다. 이것은 공격적이고 여성혐오적인 남성성 모델에 대한 찬양을 수반한다. 쥘 팔케가 주장하듯, 무장한 남성의 급증과 새로운 성별분업의 발전은 유독한toxic 남성성을 구축하는 데서 중심적인 역할을 한다. 남성으로 채워지는 대부분의 일자리(민간 가정집과 산업체의 보안경호, 교도관, 갱단과 마피아 조직원, 정규군이나 민간용병 등)가 폭력을 요구하기 때문이다.[19] 통계에 따르면 살인자들은 흔히 무기에 친숙하고 접근권이 있으며 폭력으로 갈등을 해결하는 데 익숙한 남성이다. 미국에서는 경찰관이었거나 이라크와 아프가니스탄 전쟁에 참전했던 사람인 경우가 많다. 미군 내에서 여성에 대한 폭력의 발생 빈도가 높은 것은 이러한 맥락에서 볼 때 핵심적인 요인의 하나이다. 알제리 반란군을 고문한 업무를 맡은 프랑스인을 사례로 들며 프란츠 파농이 말했듯이, 폭력은 일상과 떼어놓고 볼 수 없다. 폭력을 매일의 직업으로 삼는 사람이 직장에서 갈고 닦은 폭력적 성향을 일상으로 가져가지 않기란 불

---

19. Jules Falquet, "Hommes en armes et femmes 'de service' : tendances néolibérales dans l'évolution de la division sexuelle internationale du travail," *Cahiers de Genre* no. 40 (2006) : 15~37.

가능한 일이다. 미디어가 구축하고 유포한 과도하게 성애화된 여성성이 이 문제를 악화시킨다. 미디어는 공공연히 성폭력을 유흥행위로 만들어 호객을 하고, 여성이 자율성을 향한 열망을 드러낼 때 그것을 성적 도발 행위로 축소하거나 비하하는 여성혐오 문화에 기여해 왔다.

여성들이 직면한 폭력의 편재성을 고려하면, 다양한 전선에서 폭력에 대한 저항이 조직되어야 함은 명백하다. 법적 처벌 강화 요구는 직간접적인 책임이 있는 정부 당국에 더 많은 권력을 실어줄 뿐 해결책이 되지 못한다. 이러한 출구 없는 해결책을 피하기 위한 움직임들이 이미 시작되었으며 점점 늘어나고 있다. 여성의 손에서 고안된 전략이 더욱 효과적일 것이다. 특히 성공적이었던 전술의 사례를 들어보자면, 정부 당국이 아니라 사용자 여성들이 운영하는 대피소를 여는 것, 자기방어 수업을 개설하는 것, 1970년대에 시작된 밤길 되찾기 시위[20]나 강간과 지참

---

20. * Take Back the Night. 미국 언론에서 여성에 대한 폭력이 주목을 받았던 1970년대에 여성의 자원과 안전을 요구하기 위한 마녀 복장의 교내행진, 여성살해를 묘사하는 음란물에 대한 시위, 귀갓길에 칼에 찔려 사망한 여성을 위한 집회 등 밤길을 되찾기 위한 시위들이 발생했다. 이후 모든 형태의 여성폭력에 반대하는 시위와 행사를 조직하는 동명의 국제비영리단체

금 살인에 저항하는 인도의 여성 시위처럼 포괄적인 쟁점의 시위를 조직하는 것 등이 있다. 이런 시위들에서 여성들은 가해자가 사는 동네나 경찰서 앞으로 가서 농성을 벌이곤 했다. 최근에는 아프리카와 인도에서 반마녀사냥 운동의 부흥도 나타났다. 남성과 여성이 마을에서 마을로 다니면서 질병들의 원인이 무엇인지를 교육하고, 마녀를 고발하는 주된 주체들인 남성 민간 치유자들, 지역 지도자들, 그 밖의 고발자들이 어떤 동기와 이해관계로 마녀 고발을 하는 것인지를 사람들에게 알려준다. 과테말라의 일부 지역에서 여성들은 폭력적인 군인의 신원을 파악하고 그들의 출신 마을에 그 이름을 폭로하기 시작했다. 각각의 사례에서, 고립을 깨고 다른 여성과 합류해 항거하겠다는 여성들의 결정은 이러한 시도를 성공으로 이끄는 데 필수적이었다. 그러나 이런 전략은 여성의 위치와 가족과 공동체에 기여한 그들의 재생산 활동에 대한 재평가 과정을 동반하지 않는다면 지속적인 변화를 창출할 수 없다. 그리고 이것은 여성이 자원을 확보하여 남성으로부터 독

(https://takebackthenight.org/)의 결성으로 이어졌다.

립적으로 살아갈 수 있을 때에만, 그래서 여성이 위험하고 착취적인 노동조건과 가족관계를 강제로 받아들이지 않아도 생존할 수 있을 때에만 가능한 일일 것이다.

7장

현재 아프리카에서 일어나고 있는 마녀사냥, 지구화 그리고 페미니스트 연대[1]

> 노예제가 폐지된 상황에서도 부르주아의 레파토리에서는 마녀사냥이
> 사라지지 않았다. 오히려 식민화와 기독교화를 통한 자본주의의 전
> 지구적인 확장은 이러한 박해가 식민화된 사회에 뿌리내리게 하였고,
> 이윽고 피식민 공동체가 그들 자신의 이름으로 자신들의 구성원을 대
> 상으로 박해를 수행하게 되었다.
>
> ─『캘리번과 마녀: 여성, 신체, 그리고 시초축적』[2]

　나는 『캘리번과 마녀』(2004)의 마지막 부분에서 마녀
사냥을 전 지구적 현상으로 논하고, 1980년대와 1990년대
의 아프리카와 그 외 세계 다른 지역에서 일어난 마녀사냥
을 언급하면서 이 박해들이 유럽과 미국에 거의 보도되지

---

1. 이 장은 다음의 학술지에서 처음 출판되었다. *The Journal of International Women's Studies* 10, no. 1 (October 2008): 21~35.
2. * 실비아 페데리치, 『캘리번과 마녀』, 341쪽. 번역본을 참고하되 원문에 기반하여 번역을 수정했다.

않았다는 점에 대해서 우려를 표했다. 오늘날 세계 각지에서 마녀사냥의 귀환에 대한 문헌이 증가함에 따라, 아프리카뿐만 아니라 인도, 네팔, 파푸아뉴기니에서 일어나고 있는 마녀 살육에 관한 언론 보도도 늘어나고 있다.

그러나 몇 가지 예외를 제외하고[3] 사회정의 운동은 이 문제에 관해서 침묵하고 있으며 피해자 대부분이 여성임에도 불구하고 페미니스트 단체들조차도 마찬가지인 상황이다.

여기서 마녀사냥이란 젊은 남성으로 구성된 자경단이나 마녀사냥꾼이라고 자처하는 사람들이 종종 고발당한 사람을 살해하거나 그들의 재산을 몰수하면서 일으키는

---

3. 영화제작자 라키 베르마가 만든 다큐멘터리 〈인도의 마녀사냥〉(The Indian Witch Hunt)은 하나의 예외다. 이 다큐멘터리는 2005년 4월 20일에 싱가포르에서 개최된 '쇼리얼 아시아 2 어워드'에서 최고의 필름으로 선정되었다. Savvy Soumya, "Film on Witches Casts a Spell — Documentary Features in the Nomination List of Magnolia Award", *Telegraph*, 2005년 5월 12일 수정, 2018년 6월 13일 접속, https://www.telegraphindia.com/1050512/asp/jharkhand/story_4722935.asp. 레이철 누어(Rachel Nuwer)에 의하면, 현재 인도에서 "여성이 주도하는 풀뿌리 운동이 이 관행에 반발하고 있다. 현지 여성으로 구성된 이 작은 그룹들은 자신들의 어젠다에 마녀사냥 폐지를 추가하고 있다." "Women Shut Down Deadly Witch Hunts in India (Yes, That Still Happens.)," *Smithsonian.org*, 2012년 9월 5일 수정, 2018년 6월 13일 접속, https://bit.ly/3YTA0sz.

징벌적인 토벌을 일컫는다. 특히 지난 20년 동안 아프리카에서는 이러한 일들이 심각한 문제가 되어왔고 현재에도 계속되고 있다. 1992년 이래로 케냐에서만 1백 명이 넘는 사람이 살해되었는데, 주로 케냐 키시이^{Kisii}의 남서 지역에서 일어났다.[4] 이후에도 '마녀 살해' 보도는 크게 증가하고 있고, 그 수가 수천 건에 달하며 지금도 계속 늘어가고 있다. 가나 출신 사회학자 멘사 아딘크라가 보고했듯이, "최근 들어 아프리카에서 마녀로 의심받거나 고발된 사람들에게 행해지는 폭력이 인권 유린의 주된 형태로 떠올랐다. 많은 지역 미디어와 국제 미디어 기관이 마술 행위로 의심받아 수십 명의 사람이 협박당하고, 겁박당하고, 고문당하고, 살해당하고 있다고 보도하고 있다."[5]

지금까지는 대개 인류학자들이 마술 고발과 학살에

---

4. 유스투스 M. 오겜보에 의하면, 2002년 4월 9일까지 키시이 지역에서만 "100명이 넘는 사람들이 잔인하게 살해되었다." *Contemporary Witch-Hunting in Gusii, Southwestern Kenya* (Lewiston, NY : Edwin Mellen Press, 2006), 2. 그날 이후로 더 많은 사람이 살해당하고 있다. 2008년 5월에 여성 8명과 남성 3명 등 총 11명이 살해되었다고 보고하는 5월 21일 BBC뉴스를 참고하라. " 'Witches' Burnt to Death in Kenya", *BBC News*, May 21, 2008, 2018년 6월 접속, http://news.bbc.co.uk/2/hi/africa/7413268.stm.

5. Mensah Adinkrah, *Witches, Witchcraft and Violence in Ghana* (New York : Berghahn Books, 2015), 5.

대해서 연구해 왔지만, 남과 북의 모든 페미니스트가 이 문제에 관심을 가져야 한다. 왜냐하면, 고발당한 사람에게 형언할 수 없는 고통을 주고 모든 여성을 비하하는 여성 혐오 사상을 영속화하는 것 이외에도, 이 마술 혐의와 학살은 그것이 영향을 주는 지역사회, 특히 젊은 세대에 파괴적인 결과를 가져오기 때문이다. 이것은 경제적 세계화의 영향을 상징적으로 보여주고 있으며, 더 나아가 경제적 세계화가 여성에 대한 남성의 폭력을 증가시키는 데 기여한다는 것을 실증적으로 드러낸다.

다음으로 나는 아프리카에서 발생한 마녀사냥의 동기를 살펴보고 박해를 종식시키기 위해 페미니스트들이 취해야 할 계획을 제안함으로써 논의를 이어가고자 한다. 나의 주장은 이러한 마녀사냥이 아프리카 경제의 자유화·세계화가 낳은 사회적 재생산 과정의 깊은 위기, 지역 경제의 훼손, 여성의 사회적 지위에 대한 평가절하, 그리고 토지를 비롯한 핵심적 경제 자원의 사용을 놓고 일어난 남녀노소 사이의 극심한 갈등 유발이라는 맥락에서 이해되어야 한다는 것이다. 이런 의미에서, 나는 현재의 마녀사냥을 "지참금 살인", 인도에서 사티sati 풍습의 복귀, 그리고 후아레스시[6]처럼 미국과 국경이 맞닿은 멕시코의 마을에서 일어난 수백 명의 여성 살해 사건 같은 현상과 연속선상에 놓고 보고 있다. 여러 상이한 방식으로 나타나고 있지만, 마술 고발은 또한 세계 경제로의 '통합'이 촉발한 사회적 소외 과정의 효과이다. 그리고 남성이 걸핏하면 자신의 경제적 좌절감을 화풀이하듯 여성에게 터뜨리고 여성을 살해하는 일조차 벌어지는 것은, 발전하는 자본주의 관계 속에서 뒤처지지 않으려 하기 때문이다. 또 새로운 마녀사냥은 전 세계에서 '초자연주의'가 정치 담론과 대중 실천으로 부활하고 있는 현상(예를 들면, 유럽과 미국의 '사탄 숭배 집단')과 연관이 있다. 이 현상은 근본주의 종교 집단의 확산에서 그 원인을 찾을 수 있지만, 아프리카에서 정치적·경제적 생활이 자유화되는 것과 함께 나타난 현상이라는 점은 시사적이다.

　나의 분석을 통해서 나는, 페미니스트들이 여성의 권리에 대한 이러한 끔찍한 침해들에 대항하며 결집할 때,

---

6. * 후아레스시(Ciudad Juárez)는 멕시코 북부 치와와주의 국경도시다. 미국 텍사스주 엘파소와 다리로 연결되어 있어, 멕시코와 미국 접경지대의 관문이다. 치안이 좋지 않고 총격전이 빈번히 일어난다.

2008년 8월 4일 레소토국립대학에서 열린 전국 여성의 날 행진. 남아프리카공화국은 1995
년부터 매년 8월 9일을 '전국 여성의 날'로 지정하여 기념하고 있다. 레소토는 남아프리카
공화국의 국토 안에 둘러싸인 나라이다. (출처 : https://bit.ly/3m6u4h9)

그것을 가능하게 한 물질적이고 사회적인 조건을 만들어 온 기관들을 심판해야만 한다는 결론을 내리게 되었다. 이 기관들은 살인을 막지도 처벌하지도 않는 아프리카 정부들을 비롯하여 세계은행, 국제통화기금과 이러한 기구들의 국제적 지원자인 미국, 캐나다, 유럽연합 등이다. 이 국제기구들은 '외채 위기'와 '경제 회복'을 명목으로 아프리카 국가들에 잔혹한 긴축 체제를 강요하고, 아프리카 정부의 의사 결정 권한의 많은 부분을 박탈함으로써 지역경제를 파괴하고 아프리카 대륙을 재식민화하고 있다. 페미니스트들이 가장 긴급하게 심판해야 하는 집단은 유엔이다. 유엔은 여성의 권리에 대해 말만 앞세우면서 경제 자유화를 새천년 개발 목표로 치환하여, 아프리카와 세계 여러 지역에서 나이 든 여성이 악마화되고 지역사회에서 쫓겨나 갈기갈기 찢기고 산 채로 화형당하는 것에 입을 다물고 방관하고 있다.

1980년대부터 현재까지 아프리카에서 일어난 마녀 사냥과 지구화

마법에 대한 공포는 아프리카 신앙 체계의 뿌리 깊은 특성으로 종종 이야기되어 왔다.[7] 그럼에도 불구하고 '마녀들'에 대한 공격은 1990년대에 아프리카 전역에서 식민지 이전에는 전례없는 방식으로 격렬해졌다. 마녀에 대한 공격과 살해가 발생해도 대개 처벌받지 않았고 기록되지 않았기 때문에 정확한 수치를 알기는 어렵다. 그러나 현재 볼 수 있는 자료만으로도 이 문제의 규모를 파악할 수 있다.

오늘날 북부 가나의 '마녀 수용소'로 추방된 여성의 숫자는 3천 명에 달한다. 이들은 자신이 살던 지역에서 살해 위협을 받아 피신해야 했던 여성들이다.[8] 앞서 언급한

---

7. 이러한 논의는 일반적이어서 하나의 개별 출처를 선택하기 어렵다. 여러 다른 자료가 많지만 그중에서도 다음을 참고하라. Patrick Chabal and JeanPascal Daloz, *Africa Work : Disorder as Political Instrument* (Oxford : James Currey, 1999). Justus M. Ogembo, *Contemporary Witch-Hunting in Gusii* ; Elias K. Bongmba, "Witchcraft and the Christian Church : Ethical Implications," in *Imagining Evil : Witchcraft Beliefs and Accusations in Contemporary Africa*, ed. Gerrie ter Haar (Trenton, NJ : Africa World Press, 2007). 그러나 하르(Haar)의 책에서, 스티븐 엘리스(Stephen Ellis)는 "현재 아프리카의 '마술'은…그곳의 삶이 지닌 다른 많은 요소와 마찬가지로, 순수하게 아프리카적인 것도 아니고 순전히 강요당한 것도 아니다. 마술은 여러 다른 지역으로부터 유래된 종교적 이념과 관습을 비교해서 부분적으로 창조된 안타까운 혼합체이다"라고 지적하고 있다. "Witching Times : A Theme in the Histories of Africa and Europe," 35.
8. 이 숫자는 캐런 파머(Karen Palmer)가 2007년에 '마녀 수용소' 몇 곳을 방문하고 쓴 보고서에 근거한다. Karen Palmer, *Spellbound : Inside West*

것처럼, 주로 여성인 수십 명의 사람이 케냐 남서의 구시이 (키시이)에서 살해당했다. 가해자는 보통 미혼인 젊은 남성으로 구성된 잘 조직된 집단이었다. 이들은 피해자의 친척이나 그 밖의 이해관계가 있는 자들의 지시를 받는 용병대 역할을 수행하였다.[9] 인종분리정책이 종식된 이후,

---

Africa's Witch Camps (New York : Free Press, 2010), 18. 앨리슨 버그가 제시한 1천 명이라는 숫자와 비교하면 상당히 증가되었음을 보여준다. Allison Berg, *Witches in Exile* (San Francisco : California Newsreel, 2004), DVD, 79 min. [* Witch Camps는 '마녀 수용소'로 번역한다. 그렇지만 캐런 파머의 보고서와 앨리슨 버그의 DVD, 그리고 이 장의 각주 34번을 참고하면, 여기서 말하는 Witch Camps를 강제적으로 마녀들을 감금한 수용소로 보아야 할지 '피신처 마을'로 보아야 할지는 간단치 않은 문제로 보인다. 가나 마녀 수용소의 여성들과 함께 음반을 만들어 발표한 이언 브레넌의 2021년 인터뷰가 시사적이다. "그곳의 삶은 어떤가요? 어떤 사람들은 수용소라고 말하고, 다른 사람들은 피신처이거나 지역 정책에 따른 시설이라고 봅니다. 당신이 보기에는 어떻습니까?"라는 질문에 그는 다음과 같이 답한다. "복잡한 문제입니다. 정부는 그곳을 폐쇄하기를 원하고 실제로 여섯 개의 공식 캠프 중에서 하나를 문 닫기도 했습니다. … 무작정 문을 닫기 전에 지역사회의 태도가 바뀌어야 하고 여성들이 안전하게 살 수 있는 다른 장소가 있어야 할 텐데 쉽지 않은 문제입니다. 그곳의 많은 여성은 자기 마을로 돌아가면 공격을 받고, 협박받고, 살해당할 것입니다. 이 위협은 실제적인 것입니다. 지난여름 90세의 여성이 '마녀 사냥꾼'에 의해 얻어맞고 불에 타 살해당했습니다. 여성들이 캠프에서 도움을 받고 보호를 받는 경우가 많이 있습니다만, 슬프게도 밭에서 노동을 착취당하거나 성매매를 강제당한 사례도 알려져 있습니다." Interview with Ian Brennan and Marilena Umuhoza Delli, "Various Artists — Witch Camp (Ghana). 'I've Forgotten How I Used To Be' (Six Degrees Records, 2021)", *blog foolk magazine*, 2021년 5월 8일 수정, 2023년 2월 19일 접속, https://www.blogfoolk.com/2021/05/various-artists-witch-camp-ghana-ive.html.

남아프리카공화국의 북부 지역에서는 극심한 박해가 일어났고, 이로 인한 사상자가 너무 많아서, 〈아프리카민족회의〉[10]는 남아공 정부의 초기 법안 중 하나로 이 문제의 진상을 규명할 위원회를 구성하기로 결정했다.[11] 종종 치명적인 결과를 낳는 마녀에 대한 일상적인 공격은 베냉 공화국, 카메룬, 탄자니아, 콩고민주공화국, 그리고 우간다에서도 기록을 찾아볼 수 있다. 그중 하나의 자료에 따르면, 1991년과 2001년 사이에 적어도 2만 3천 명의 '마녀'가 아프리카에서 살해되었는데, 이는 매우 보수적인 추정값이다.[12] 마녀사냥꾼이 이 마을 저 마을 곳곳을 누비며 모욕적이고 위협적인 심문과 퇴마 의식으로 누구든 굴복하게

9. Ogembo, *Contemporary Witch-Hunting in Gusii*, 106~8, 65~81.

10. * 아프리카민족회의(African National Congress, ANC)는 남아프리카 공화국의 아파르트헤이트 기간 동안 인종차별 정책에 맞서온 흑인해방운동 조직으로 1912년에 창설되었다. 1990년 넬슨 만델라가 감옥에서 풀려난 후 무력투쟁 중단을 선언했다. 1994년 5월 총선에서 승리하여 최초의 흑인 정권이 되었다.(참고 : 위키피디아)

11. Jean Comaroff and John Comaroff, "Occult Economies and the Violence of Abstraction : Notes from the South African Postcolony," *American Ethnologist* 26, no. 2 (May 1999) : 282.

12. Richard Petraitis, "The Witch Killers of Africa," *The Secular Web*, 2003, 2018년 5월 11일 접속, https://infidels.org/library/modern/richard_petraitis/witch_killers.html.

하는 '정화' 운동도 일어났다. 이러한 사례를 잠비아에서 볼 수 있는데, 잠비아 중부주Central Province의 한 지역에서, 1997년 여름에 176명의 마녀사냥꾼이 활동했고, 그때 이후로 마녀사냥이 "수그러들지 않고 계속되었다." 마녀 혐의를 받은 사람들은 자신이 살던 마을에서 쫓겨나고 재산을 몰수당하고 빈번히 고문당하고 살해당했다.[13]

대다수 사례에서, 마녀사냥꾼은 대낮에도 처벌받지 않고 활개 치며 다닌다. 경찰은 마녀를 보호한다는 비난을 피하고자, 또는 마녀사냥꾼에 대해 불리한 증언을 하겠다는 사람들을 찾을 수 없어서, 마녀사냥꾼 편을 들거나 마녀사냥꾼을 체포하지 않으려고 하는 경우가 많다. 정부들 역시 수수방관해 왔다. 남아프리카공화국 정부를 제외하면 어떤 정부도 이 학살 상황을 철저하게 조사하지 않고 있다. 더 놀라운 것은 페미니스트들이 이 학살을 전혀 비난하지 않고 있다는 점이다. 아마도 페미니스트들은 마녀사냥을 비난하면 그것이 아프리카인은 후진적이고 비합리적인 진흙탕에 빠져 있다는 식민주의적 고정관념을 조장

---

13. Hugo F. Hinfelaar, "Witch-Hunting in Zambia and International Illegal Trade," in Haar, *Imagining Evil*, 233.

할 수 있다는 두려움을 갖고 있는 듯하다. 이러한 두려움은 근거가 없는 것은 아니지만 잘못된 판단이다. 마녀사냥은 아프리카의 문제일 뿐만 아니라 전 지구적인 문제이다. 마녀사냥은 우리가 맞서 싸워야 하는 여성에 대한 폭력의 범세계적 증가 양상의 일부다. 그러므로 우리는 마녀사냥을 발생시키는 힘들과 사회적 동역학을 깊이 알아야 한다.

이러한 맥락에서, 아프리카에서는 사회적 관계를 심각하게 변화시키고 새로운 형태의 불평등을 낳는 화폐경제가 도입된 식민지기에 들어와서야 반마술운동 anti-witchcraft movements이 시작되었음을 강조하는 것이 중요하다.[14] 식민화되기 이전에도 때로 "마녀"가 처벌받는 일이 있기는 했

---

14. 여러 자료가 많지만 그중에서도 Elom Dovlo, "Witchcraft in Contemporary Ghana," in Haar, *Imagining Evil*, 70는 식민주의 도래 이후, 특히 새로운 계급 분열을 만들어낸 코코아 산업의 발달 이후 가나에서 마술 행위와 마술 퇴치 사원이 증가했다는 점을 지적하고 있다. 1950년대에 전개된 마녀 색출 운동은 나이지리아의 요루바(Yoruba) 지역으로 확산하였고, 그곳에서는 "수천 명의 여성에 대한 박해"가 있었는데 이 현상은 세계 시장의 코코아 가격 인상이 유발한 것으로 보인다. 이 운동을 지원한 것은 잘 조직된 여성 상인들이 경쟁력을 갖게 되는 것을 우려하고 그녀들의 경제적 성공이 가정에서 남성 권위를 위협한다고 인식했던 사업가들이었다. Andrew H. Apter, "Atinga Revisited : Yoruba Witchcraft and the Cocoa Economy, 1950~1951," in *Modernity and Its Malcontents : Ritual and Power in Postcolonial Africa*, ed. Jean Comaroff and John Comaroff (Chicago : University of Chicago Press, 1993), 111~28.

지만 살해되는 일은 거의 없었다. 사실상 유럽인이 들어오고 나서야 '마술'이라는 용어가 사용되기 시작했기 때문에, 식민지기 이전을 이야기할 때 우리가 '마술'을 거론하는 것이 가능한지부터가 의문인 상황이다.

1980년대와 1990년대에 외채 위기, 구조조정, 통화의 평가절하와 함께 소위 마녀에 대한 공포가 아프리카의 많은 지역에서 지배적인 사안이 되었고, 그래서 "식민지기 이전에는 마술에 대해서 알지 못했던 … 종족ethnic 집단마저도 현재는 자신들 가운데 마녀가 있다고 믿고 있을" 정도이다.[15]

몇 가지 측면에서 17세기 유럽의 마녀사냥을 연상시키는 이러한 박해가 다시 출현한 이유는 무엇일까? 이 질문에 답하기는 쉽지 않다. 특히 우리가 직접적인 요인 너머의 [보다 근본적인 원인을] 규명하고자 한다면 그렇다. 마녀 고발의 배후에 여러 다른 동기가 존재한다는 분명한 사실로 인해서 상황이 복잡해진다. 마술 고발은 토지 분쟁 또는

---

15. Umar Habila Dadem Danfulani, "Anger as a Metaphor of Witch-craft : The Relation between Magic, Witchcraft, and Divination among the Mupun of Nigeria," in Haar, *Imagining Evil*, 181.

경제적 대립과 경쟁의 결과일 수 있고, 자원을 낭비하기만 한다고 여겨지는 가족이나 지역사회 구성원의 부양을 거부하는 것을 숨길 수 있고, 혹은 공유지의 인클로저를 정당화하는 장치일 수 있다.

분명한 것은 '아프리카적인 세계관'을 끌어들여서는 이 현상을 설명할 수 없다는 것이다. 마찬가지로, 마술 고발이 과도한 부의 축적에 맞서서 공통의 가치communal values 를 지키는 데 사용되는 수평화 메커니즘[16]이라는 관점에서 이러한 박해를 설명하려는 시도 역시, 마술 고발이 아프리카 사회에 일으킨 파괴적인 결과나 고발당한 많은 사람이 가난한 여성이라는 사실을 고려할 때 설득력이 없다. 도리어 설득력이 있는 것은 이 마녀사냥들이 과거의 유산이기보다는 아프리카 정치경제의 신자유주의적 재구조화

---

16. * "leveling mechanism"의 'leveling'은 '평준화'라고 번역할 수 있지만 여기서는 '수평화'라고 번역한다. 청교도의 한 분파로 수평파(Levelers)라는 정치운동이 있었는데, 이 운동은 잉글랜드 내전(1642~1651) 동안 민중 주권, 선거권 확대, 법 앞의 평등, 종교적 관용 등을 추구하며, 팸플릿, 청원서 등을 통해 대중에게 호소했다.(https://en.wikipedia.org/wiki/Levellers) 위 문장에서의 'leveling'는 이러한 역사적 배경을 염두에 둔 표현으로 이해된다. 또한 페데리치는 『캘리번과 마녀』(갈무리, 2011)에서 중세 마녀사냥과 사회운동의 역사를 분석한 바 있다.

가 낳은 사회적 위기에 대한 반응이라는 관점이다. 유스투스 오겜보가 쓴 『케냐 서남쪽 구시이에서 일어난 현대의 마녀사냥』은 경제 세계화가 어떻게 마술 고발을 야기하는 환경을 조성하는지에 대해 자세히 분석하고 있다. 오겜보는 전 대륙에 걸쳐 여러 국가에서 반복적으로 일어나는 상황을 설명하면서 다음과 같이 주장한다. 구조조정 프로그램과 자유무역화가 아프리카 공동체를 불안정하게 하고 그들의 재생산 시스템을 약화시키고 가정을 "궁핍과 절망"에 빠뜨렸기 때문에, 많은 사람은 자신들이 초자연적인 수단이 행하는 악의 음모에 희생당한 자들이라고 믿게 되었다.[17] 그는 케냐 경제의 이른바 '구조조정' 이후, 전례 없는 수준의 실업이 발생하고 통화가 평가절하되었으며, 그 결과 기본 생필품을 구할 수 없게 되었고, 교육, 보건 그리고 대중교통 같은 기본적인 [공공]서비스를 위한 정부 보조금이 완전히 중단되었다고 지적한다.

한마디로 말하면, 농촌과 도시를 막론하고 수백만 명의 사람이 가족과 공동체를 부양할 수 없게 되었고, 미래

---

17. Ogembo, *Contemporary Witch-Hunting in Gusii*, 125.

에 대한 어떤 희망도 없이 궁지에 내몰리게 되었다. 보건 의료체계의 붕괴로 사망률, 특히 아동 사망률이 증가했으며, 영양실조와 AIDS가 확산되면서 어떤 불길한 음모가 진행되고 있다는 의혹이 커져만 갔다. 오겜보는 마녀 박해 선동의 확산에 기여한 요인들로 다음을 지적한다. 근본주의 기독교 종파의 확산, 악마에 대한 두려움이 종교에 재주입된 것, 그리고 초자연적인 것에 호소함으로써 스스로의 무능함을 숨기고 사람들이 병원비를 낼 형편이 안 된다는 사실을 악용하는 자칭 '민간 치유자'의 출현 등이다.

많은 학자가 오겜보의 분석에 동의하고 있다. 그러나 새롭게 급증하고 있는 마녀사냥을 파악하는 데 필요한 맥락을 제공하는 경제 세계화와 관련된 다른 요소들도 주목받고 있다. 한 가지 견해는 마녀에 대한 믿음이 토지 강제 수용을 정당화하는 데 이용되고 있다는 것이다. 예를 들면, 전후 모잠비크의 여러 지역에서 남편이 죽은 후 부부 명의의 토지를 계속 보유하겠다고 주장한 여성들이, 죽은 남편의 친척에 의해 마녀라고 고발당해 왔다.[18] 또

---

18. Liazzat Bonate, "Women's Land Rights in Mozambique : Cultural, Legal and Social Contexts," in *Women and Land in Africa : Culture, Religion*

다른 사람들은 전쟁 중에 임대한 토지를 포기하지 않아서 마녀 고발을 당했다. 케냐에서도 많은 마녀 고발이 토지 분쟁에서 비롯된다.[19] 이 두 나라에서 토지가 부족한 것이 분쟁의 강도를 높이고 있다.

마술 고발이 인클로저의 수단이 되기도 한다. 아프리카 정부들과 함께 국제기구들이 공유지의 양도와 사유화를 강요할 때, 마술 고발은 몰수당할 처지에 있는 사람들의 저항을 파괴하는 강력한 수단이 된다. 역사학자 위고 인펠라르Hugo Hinfelaar가 잠비아에 관해서 다음과 같이 지적하였듯이 말이다.

현 정부와 다른 신자유주의 지지자들이 설교하듯이 통제되지 않는 '시장 권력'이 작용하는 지금의 시대에, 토지와 다른 형태의 재산을 몰수하는 행위는 더 사악한 차

---

and Realizing Women's Rights, ed. L. Muthoni Wanyeki (London : Zed Books, 2003), 11, 74, 115.

19. 비나 아와르갈(Bina Awargal)은 *A Field of One's Own : Gender and Land Rights in South Asia*에서 남아시아에도 동일한 패턴이 있다고 지적한다. "여성들이 토지를 소유하지 못했던 지역에서, [토지에 대한] 권리는 적대 — 이혼, 마술 고발, 협박, 고문, 살인까지 — 를 초래하는 경향이 있다." Wanyeki, *Women and Land in Africa*, 74에서 재인용.

원의 모습을 지니게 되었다. 마술 고발과 정화 의식이 특히 사냥 산업, 사냥감 목장 운영, 관광, 부동산 큰손의 투자를 위해 배정된 지역에서 만연하다는 점이 주목을 받고 있다. … 어떤 추장과 족장 들은 국제 투자자들에게 자신이 관리하는 영역 내 상당 부분의 토지를 팔아서 수익을 올리고 있고, 마을의 사회적 분열을 조장해서 거래를 용이하게 한다. 분열된 마을은 자신들이 경작해온 토지를 다른 사람들에게 넘기려는 시도에 저항할 단결된 힘을 갖지 못할 것이다. 실제로 마을 사람들은 때때로, 서로 마술을 부린다고 비난하는 데 열중하느라고 자신들이 재산을 빼앗기고 있다는 것을 거의 눈치채지 못하고, 조상 대대로 내려오는 자신들의 토지에서 불법 거주자가 되고 만다.[20]

마술 고발의 또 다른 원인은, 점점 더 난해해지는 경제 거래의 특성과, 그로 인해 사람들이 자기 삶을 지배하는 권력을 이해할 수 없게 된 상황이다.[21] 지역 경제가 국

---

20. Hinfelaar, "Witch-Hunting in Zambia and International Illegal Trade," 238.

제 정책과 세계시장의 '보이지 않는 손'에 의해 변형되기 때문에, 사람들은 경제적인 변화의 동기가 무엇이며 왜 어떤 사람은 부자가 되고 어떤 사람은 가난해지는지 이유를 이해하기 어려워진다. 이는 서로 원망하고 의심하는 분위기를 낳았다. 이런 분위기에서 경제 자유화로 이익을 얻은 사람들은 가난해진 사람들의 마술에 걸려드는 것이 두렵다. 또한 가난한 사람들은—그들 가운데 많은 사람이 여성인데—자신들이 배제된 부를 악마의 마술evil arts이 만들어 낸 산물이라고 생각한다. 제인 패리쉬는 다음과 같이 쓰고 있다. "두 가지 도덕 경제 사이의… 이런 갈등이 오늘날 가나에 존재하는 마술에 대한 믿음을 특징짓는다. 문제가 되는 것은 사회성의 특권화다. 즉 전 지구적 상품화가 초래하는 소외 효과로 지역의 재생산 관계들이 전도되고 왜곡되는 것이다." 가나의 도심에 거주하는 사업가들은 자주 마녀를 다음과 같이 묘사한다. 사업가인 자신들의 재산과 사회적 지위를 내심 탐내고 "지역 상권에서 빼내어 다른 곳에 투자하는 대신, 더욱더 많은 재정 투자를 그 지

---

21. Ogembo, *Contemporary Witch-Hunting in Gusii*, ix.

역 상권으로 다시 쏟아 넣어야 한다고 불합리한 요구를 하는" 탐욕스러운 여자라고 말이다. 이러한 의미에서 패리쉬는 "마술에 대한 공포란, 지역경제 바깥에서 버는 돈에 대한, 그리고 그것을 적절하게 재분배하지 않는 것에 대한 비판으로 볼 수 있다"고 말한다.[22]

또한, 경제활동의 전 지구적인 규제 완화와 새로운 사업 형태들에 대한 추구가 '주술occult 경제'의 확산을 불러왔고, 이로 인한 불안감이 마녀사냥의 원인이 되고 있다. 장기 이식 그리고 금전운을 부르는 의식ritual에 사용되는 장기와 신체 부위의 밀매는, 악마의 힘이 사람의 생명 에너지와 인간성을 좀먹듯이 약화시키고 있다는 공포를 자

---

22. Jane Parish, "From the Body to the Wallet : Conceptualizing Akan Witchcraft at Home and Abroad," *Journal of the Royal, Anthropology Institute* 6, no. 3 (September 2000) : 487, 489~90, 494, 2018년 6월 13일 접속, http://www.urbanlab.org/articles/Parish,%20Jane%202000%20 From%20the%20body%20to%20 the%20wallet.pdf. Peter Geschiere and Francis Nyamnjoh, "Witchcraft in the 'Politics of Belonging,' " *African Studies Review* 41, no. 3 (December 1998) : 69~91. Wim Van Binsbergen, "Witchcraft in Modern Africa as Virtualized Boundary Condition of the Kinship Order," in *Witchcraft Dialogues : Anthropology and Philosophical Exchanges*, Africa Series no. 76, eds. George Clement Bond and Diane M. Ciekawi (Athens : Ohio University Center for International Studies, 2001), 212~62.

아내면서, 세계의 다른 지역과 마찬가지로 아프리카에서도 확산되고 있다. 이런 의미에서, 루이제 화이트가 연구한 식민지 아프리카의 뱀파이어 이야기와 마찬가지로[23], 마술 고발은 생명을 상품화하는 것에 대한 반응이자, 노예노동을 부활시킬 뿐 아니라 인체 자체를 축적 수단으로 삼으려는 자본주의적 시도에 대한 반응으로 간주될 수 있다.[24]

마녀에 대한 공포가 기승을 부리는 분위기가 조성된 것은 여러 요인이 복합적으로 작용한 결과이다. 그러나 모두가 동의하는 것은 마녀사냥의 기저에 세대 간 갈등의 형태를 띤 격렬한 생존 투쟁이 존재한다는 점이다. 마녀사냥에 노동력을 제공하는 사람들은 대개 직업이 없는 젊은 이들이다. 이들은 배후에서 활동하는 다른 행위자들이 준비한 계획을 실행하는 경우가 많다. 집집마다 방문해서 마녀 색출자에게 지불할 돈을 수금하거나 마녀로 고발된 사

---

23. 루이제 화이트(Luise White)는 *Speaking with Vampires : Rumors and History in Colonial Africa*에서 1930년대에 식민지인 케냐, 탕가니카와 북부 로디지아에서, 백인들이 흑인의 피를 빨아먹는다거나 또는 흑인의 피를 먹기 전에 보관할 구덩이를 자신들의 집에 가지고 있다는 소문이 아프리카 사람들 사이에 퍼졌다고 기록하고 있다.

24. Comaroff and Comaroff, *Modernity and Its Malcontents*, 281~85.

람을 매복 기습하고 처형하는 일을 이들이 한다.

　구조조정을 겪은 오늘날의 아프리카에 사는 많은 젊은 남성은 교육받을 기회가 없고, 토지로 생계를 이어갈 희망이 없으며, 다른 형태의 수입원을 찾을 전망이 없고, 가족을 부양하는 사람으로서의 자기 역할을 다할 수도 없다. 그렇기 때문에 이들은 미래에 대해서 절망감을 가지며 자신들이 속한 지역사회를 대상으로 전쟁을 벌이도록 내몰리게 된다.[25] 정치가, 반군, 민간 기업, 또한 국가에 의해 용병으로 고용되고 훈련받은 젊은이들은, 특히 노인을 자기 불운의 원흉이자 자신들이 잘사는 데 짐이 되고 방해가 되는 존재로 치부하고, 그들을 대상으로 토벌대를 조직하는 데 주저하지 않는다. 바로 이런 맥락에서, (오래된 콩고 주민의 말처럼) "젊은이들은 우리 노인들에게〔지속적인 위협〕이다."[26]

---

25. 이러한 의미에서 오세이나 알리두(Ousseina Alidou)는 아프리카 젊은이들의 "무장 군사화"(militarization)에 관해 다음과 같이 이야기한다. 구조조정의 결과 젊은이들은 극단적인 강탈(dispossession)을 경험하게 되고, 그 결과 자신이 사는 지역사회에 군사행동을 하는 용병 모집에 기꺼이 응모하게 된다. 그래서 결국 자신의 지역사회에 해를 끼치는 일을 하게 된다는 것이다(2007년 9월 17일, 뉴욕의 저드슨교회에서 열린 '아프리카 평화 액션 포럼'(Peace Action Forum on Africa)에서 발표된 논문).

평생 모으고 저축한 돈을 들고 마을로 돌아온 노인들은 마녀라고 고발당해 집과 소득을 몰수당하고, 또 더 심한 경우에는 — 목 매달리거나, 매장당하거나 또는 산 채로 불태워지는 등 — 죽임을 당하고 있다.[27] 콩고 인권감시위원회는 1996년 한 해 동안 마술을 부렸다고 고발된 노인이 교수형으로 살해된 사례가 약 100건에 달한다고 보고했다.[28] 연금 수급자도 잠비아에서 손쉬운 표적이 되고 있는데, "연금 수급자가 수년간 번 재산을 빼앗기 위해서 마을 지도자들이 마녀 탐지꾼witch finder과 결탁하고 있는 것으로 보였으며," 그래서 한 신문 기사는 "은퇴하고 고향으로 돌아가는 것은 위험한 일이 되었다!"라고 지적하기에 이른다.[29] 남아프리카공화국 림포포 농촌에서는 젊은 사람들이 나이 든 여성들을 산 채로 화형시켰는데, 그 여성들이 받은 혐의는 죽은 사람을 좀비로 만들어 노예와 유령 노

26. Louis Okamba, "Saving the Elderly from Prejudice and Attacks," *African Agenda* 2, no. 2 (1999): 35.
27. Okamba, "Saving the Elderly from Prejudice and Attacks."
28. 같은 글.
29. Hinfelaar, "Witch-Hunting in Zambia and International Illegal Trade," 236.

동자로 부림으로써 젊은이들의 일자리를 빼앗는다는 것이었다.[30] 한편, 콩고민주공화국과 최근 동부 나이지리아에서, 어린아이들도 역시 악령이 들었다고 고발당하고 있다. 아이들을 고발하는 사람들은 기독교 엑소시스트나 '전통적인 주술사들'인데, 아이들을 붙잡고 있는 악령으로부터 그들을 정화한다는 이유로 온갖 종류의 고문을 하면서 밥벌이를 하고 있다. 앙골라에서도 수천 명의 아이들이 부모의 공모하에 이런 방식으로 고문을 당했다. 이 부모들은 더 이상 부양하기 힘든 자녀로부터 해방되고 싶은 마음이 컸을 것이다. 수천 명의 아이들이 ― 킨샤샤에서만 1만 4천 명이 넘게 ― 길거리에 버려지거나 살해당했다.[31]

---

30. Comaroff and Comaroff, "Occult Economies and the Violence of Abstraction," 285.

31. Jeremy Vine, "Congo Witch-Hunt's Child Victims," *BBC Online*, 1999년 12월 2일 수정, 2018년 5월 7일 접속, http://news.bbc.co.uk/2/hi/africa/575178.stm. Tracy McVeigh, "Children Are Targets in Nigerian Witch Hunt," *Guardian*, 2007년 12월 9일 수정, 2018년 5월 7일 접속, https://www.theguardian.com/world/2007/dec/09/tracymcveigh. theobserver. Sharon LaFraniere, "African Crucible : Cast as Witches, then Cast Out," *New York Times*, 2007년 11월 15일 수정, 2018년 5월 7일 접속, https://www.nytimes.com/2007/11/15/world/africa/15witches.html?mtrref=www.google.ca&gwh=28AD6CFD84ECC24A6881B8DA5FA9BEC8&gwt=pay.

여기서 다시 강조해야 할 중요한 점은, 지난 이십 년 넘게 아프리카 도시와 농촌에서 전도를 하고 있는 복음주의 종교 분파(오순절파[32], 시온주의파)의 역할이다. 오순절 교회 운동에 관해서 오겜보는 다음과 같이 기록하고 있다. "[오순절 교회]는 엑소시즘에 역점을 둠으로써 신비로운 힘과 영향력에 관해 구시이 사람들이 가지고 있는 토속적인 믿음을 활용하였고, 그 영향으로 구시랜드에 있는 두 개의 주요 교단도 모두 자신들의 교리를 재검토하는 상황이 되었다."[33] 그는 복음주의자들이 책을 통해서, 그리고 시장 한복판이나 그 외 공공장소에서의 야외설교를 통해서, 사탄·질병·죽음 사이의 관계를 설교하면서 악마에 대한 대중의 불안감을 부채질했다고 덧붙인다. 이 과정에 미디어도 톡톡히 역할을 담당했다. 이를 통해 새로운 '마녀 열풍'이 단순히 자연적으로 일어난 일이 아니라는 것을 알수 있다. 가나에서는 마녀의 활동 방식과 색출 방식을 설명하는 라디오와 텔레비전 프로그램이 날마다 방송된다.

---

32. * 오순절파(Pentecostal)는 초대 오순절(행 2장)에 예언, 방언, 병 고침 등 성령의 역사가 일어난 것처럼, 오늘날 이 시대에도 동일한 성령의 역사가 일어난다고 주장하는 신학 사상이다.

33. Ogembo, *Contemporary Witch-Hunting in Gusii*, 109.

마술은 또한 가나의 음악과 영화에, 그리고 성직자의 설교에 등장하는 주요 주제이기도 하다. 그것들은 대량소비를 목적으로 비디오로 녹화되기도 한다.

여성-사냥으로서의 마녀사냥

우리가 이미 살펴보았듯이, 최근의 마녀사냥은 젊은이와 늙은이 모두를 대상으로 한다. 그러나 과거 유럽의 마녀사냥에서와 마찬가지로 가장 자주 그리고 가장 난폭하게 공격당하는 이는 나이 든 늙은 여성들이다. 가나에 '마녀 수용소'가 만들어졌다는 사실은 나이 든 여성들이 처한 위험의 정도가 어느 정도인지를 보여준다. 이곳에는 자기 마을에서 고발당하고 쫓겨난 사람들이, 또 가임기가 지났거나 의지할 곳이 없는, 공격 위협을 느끼는 여성들이 '자발적'으로 들어와 유배 생활을 하는 경우도 있다.[34]

---

34. 이 '캠프'의 성격에 대한 토론이 가나에서 있었는데, 그 토론은 그들이 [그곳에] 머무르도록 허용하여야 하는가, 그리고 그 캠프가 순수한 보호를 제공하는가, 인권 유린을 대표하는 것이 아닌가 등에 관한 것이다. 이와 관련해서는 다음을 참고할 것. Dovlo, "Witchcraft in Contemporary Ghana," 79. 여성 국회의원들은 처음에는 이 캠프들을 폐쇄해야 한다고 주장했지

멘사 아딘크라에 따르면 1997년 가나에서 일어난 마녀사냥 희생자의 대부분은 나이 든 여성들이었다. 그해 가나 북부를 강타한 수막염 발발의 배후로 지목되어 많은 나이 든 여성들이 잔혹하게 공격당했다. 또 구시이에서 1992년부터 1995년까지 벌어졌던 마녀사냥에서도 상황은 다르지 않았다. 그곳에서 살해당한 소수의 남자는 마녀 혐의를 받은 사람과 관계가 있다는 이유로 유죄 선고를 받았다. 또는 마술 고발의 대상이 된 여성을 찾을 수 없거나 그녀들을 보호하려고 시도했을 때, 그녀들 대신에 살해당했다.[35] 콩고민주공화국, 남아프리카공화국, 잠비아, 그리고 탄자니아의 주된 희생자는 여성이다. 대부분 농부이고 종종 혼자 사는 여성들이다. 그러나 도시에서는 상인들이 주로 표적이 된다. 왜냐하면 남성들이 경제적 안정과 남성 정체성에 손상을 입은 것에 대해서, 자신들과 경쟁한다고 여기는 여성들의 평판을 실추시키는 방식으로 대응하기 때문이다. 가나 북부에서, 여성 상인들은 영혼을 상품으

만, 이 캠프를 방문하고 그곳에 피난해 있는 여성들을 만난 다음에는 그러한 주장을 철회했다.

35. Ogembo, *Contemporary Witch-Hunting in Gusii*, 21.

로 만들어 재산을 축적했다고 고발당하고 있다.[36] 잠비아에서 [마녀로 고발당할] 위험에 처해 있는 사람은 "국도를 따라 사업가로서 그리고 밀수꾼으로서 자주 여행하는" 독립적인 여성들이다.[37] 어떤 마녀사냥꾼들은 붉게 충혈된 눈이 여성의 악마적인 성질을 드러내는 표시라면서 눈이 충혈된 여성을 고발한다. 그러나 "탄자니아의 많은 여성의 눈이 빨갛게 충혈된 것은 요리용 화로의 연기 때문이다."[38]

현재 일어나고 있는 여성을 향한 광범위한 공격은 여성의 지위와 정체성에 심각한 훼손이 가해지고 있음을 드러낸다. 이 상황에는 '전통적인' 가부장제적 편견이 분명히 작용하고 있다. 아프리카 문화 형성에 영향을 준 종교적 가치들은 남성 중심적이며, 식민화로 이식된 것도 있고 토착적인 것도 있다. 이렇게 형성된 아프리카 문화는 여성을 남성보다 질투심이 강하고, 더 심하게 양심을 품고, 음흉하고, 마술이라는 악마적 형태에 더욱 휘둘리는 모습으로

---

36. Dovlo, "Witchcraft in Contemporary Ghana," 83.
37. Mark Auslander, "Open the Wombs : The Symbolic Politics of Modern Ngoni Witch-Finding," in Comaroff and Comaroff, *Modernity and Its Malcontents*, 172.
38. Petraitis, "The Witch Killers of Africa."

그린다.[39] 가족을 재생산하는 여성의 역할이 여성의 힘에 대한 남성의 두려움을 증폭시킨다. 앨리슨 버그가 인터뷰한, 가나의 어느 마녀 수용소의 한 남자 관리자는 이 점을 분명히 하였다. 그는 "남자들에게 음식을 해주는 사람이 여자!"이기 때문에 마녀는 여자라고 말했다.[40] 그런데도 여성성에 관한 남성 중심적 견해는 마녀사냥으로 대표되는 폭발적인 여성 혐오를 설명하지 못한다. 그녀들에게 가해진 형벌의 잔인함을 생각하면 이 점은 분명하다. 항상 노인에 대해 깊은 존경심을 갖고 있던 사회에서 이런 잔인한 형벌이 나이 든 여성에게 가해지기 때문에 그만큼 더 충격적이다. 구시이에서 일어난 마녀사냥과 관련해서 오젬보는 다음과 같이 기록하고 있다.

밤에는 마을 사람들이 집에 있는 혐의자를 찾아가 그들을 '검거하'거나, 낮에는 사냥감을 쫓듯 그들을 쫓아 잡아, 사이잘[41] 로프로 손과 발을 묶고 – 미리 사다 놓은 가

---

39. Dovlo, "Witchcraft in Contemporary Ghana," 83.
40. Berg, *Witches in Exile*.
41. *사이잘(sisal)은 용설란과에 속하는 식물로 로프·바닥 깔개 등을 만드는 데 쓰인다.

솔린을 그들에게 붓거나 초가지붕 아래 그들을 놓은 다음에 ─ 불을 붙이고 나서 뒤로 물러나 희생자가 화염 속에서 고통스럽게 죽어가는 것을 지켜보았다. 이들 중 몇몇은 이런 식으로 살해되었고, 겁에 질리고 이제는 고아가 된 자식을 남겼다.[42]

수천 명의 여성이 산채로 태워지거나 땅에 묻혔고, 또는 매를 맞고 고문을 당하다 죽었다고 추정된다. 가나에서는 어린아이들을 부추겨서, 고발당한 나이 든 여성들에게 돌을 던지게 했다. 우리는 역사적인 전례는 물론, '지구촌'의 또 다른 지역인 인도나 파푸아뉴기니 같은 곳에서 최근 벌어지고 있는 일들을 더불어 살펴보지 않고서는 그러한 잔인성을 설명해 낼 수 없을 것이다.

역사적으로 비교할 수 있는 사례로 우선 떠올려볼 수 있는 것은 여성 수백 수천 명을 화형대에 세운 15세기에서 18세기에 유럽에서 일어난 마녀사냥이다. 아프리카의 마녀사냥을 연구해온 학자들은 역사·문화적 맥락이 판이

---

42. Ogembo, *Contemporary Witch-Hunting in Gusii*, 1.

하게 다른 유럽의 마녀사냥을 전례로 인정하길 꺼린다. 더구나 유럽의 마녀사냥과는 다르게, 현재 아프리카나 인도에서 일어나는 마녀사냥은 지방 관리magistrate, 왕 그리고 교황이 행하는 것이 아니다. 그렇지만 아프리카의 마녀사냥은 유럽의 마녀사냥과 중요한 요소들을 공유하고 있다. 이 공통된 요소를 부정할 수는 없으며, 그것들은 마녀사냥을 훈육적 도구로 설명하는 실마리가 됨으로써 현재의 박해를 '역사화'하는 데 기여한다.[43]

오늘날 아프리카의 '마녀'들이 고발당하는 범죄에는 유럽의 마녀사냥을 떠올리게 하는 것이 있다. 이 범죄들은 종종 유럽의 악마 신앙을 차용한 것으로 보이며, 복음화evangelization의 영향을 반영하고 있다고 해도 틀리지 않는다. 예를 들면, 야반도주, 변신, 식인, 여성 불임화, 영아 살해 그리고 농작물 파괴 등이다. 또 두 사례에서 모두 '마녀'는 주로 나이 든 여자나 가난한 농부이고, 종종 혼자 살며, 또는 남자와 경쟁한다고 여겨지는 여자들이다. 가장 중요한 것은, 유럽의 마녀사냥처럼 아프리카의 새로운 마

---

43. Andrew H. Apter "Atinga Revisited," 97.

녀사냥은 '시초축적' 과정을 겪는 사회에서 일어난다. 그런 사회에서는 많은 농민이 자기 땅에서 강제로 쫓겨나고, 새로운 재산 관계와 새로운 가치 창출의 개념이 자리를 잡아가고, 공동체적 연대감이 경제적 갈등의 영향 아래 파괴되어 간다.

내가 『캘리번과 마녀』에서 주장했듯이, 이런 환경에서, 여성 특히 나이 든 여성이 사회적으로 수모를 당하면서 고통을 받고 젠더 전쟁의 표적이 된 것은 우연이 아니다. 이미 보았듯이 이런 변화의 부분적인 원인은 자원이 감소되는 시기에 젊은이들이 친지 부양을 꺼리고, 그들로부터 재산을 가져가려 하기 때문이다. 그러나 가장 중요한 것은, 금전 관계가 지배적인 힘으로 작용하게 되면 지역 사회에 대한 여성의 기여도는 완전히 '평가절하'된다는 점이다. 이것은 특히 나이 든 여성에게 해당하는데, 이제는 출산하거나 성적 서비스를 제공할 능력이 없다는 이유로 그녀들은 생산된 부를 갉아먹기만 하는 존재로 보이기 때문이다.

다음의 두 가지 사항을 보자. 하나는 마녀 고발로 자행되는 아프리카 농촌의 나이 든 여성에 대한 공격이고, 다른 하나는 토지는 생계와 주거의 수단으로 사용되는 한 '무가치한 자산'dead assets이고 신용거래를 위해 은행 담보로 사용할 때만 생산성이 있다고 주장하면서, 세계은행이 토지 상업화를 촉진하려는 목적으로 대륙 전체에 걸쳐 벌이는 이데올로기 선전이다. 즉 이 두 가지 사항은 서로 의미 있는 유사성을 가지고 있다.[44] 오늘날 아프리카에서 나이 든 남자와 여자 모두 마술 고발의 사냥감이 된다. 나는 그 이유가 그들 역시 무가치한 자산으로, 다시 말해 점점 더 이익을 주지 못하고sterile 생산적이지 못하다고 여겨지는 업무와 가치의 세계를 체현하는 것으로 간주되기 때문이라고 본다.

이 점을 지적할 때 나는, 불만들이 복합적이라는 점의 중요성, 즉 오래된 것과 새로운 것이 뒤섞여 각각의 마녀 고발이 만들어진다는 사실의 중요성을 축소하려는 것은 아니다. 유럽 마녀사냥에서 그러했던 것처럼 아프리카에서 벌어지고 있는 박해의 일상적인 실체substance가 되는 것은, 의문사 특히 아동들의 의문사로 더 심각해지는 오래된 소문들, 탐나는 자산(때로는 그저 라디오나 텔레비전

---

44. Ambreena Manji, *The Politics of Land Reform in Africa: From Communal Land to Free Markets* (London: Zed Books, 2006).

한 대)을 빼앗으려는 욕망, 간통 행위에 대한 분노, 그리고 무엇보다도 토지 분쟁 또는 단지 사람들을 땅에서 강제 추방하는 결정 등이다. 가족의 재산 특히 토지분배와 관련해서 여러 아내와 형제 가운데 질시와 경쟁이 발생하는 일부다처제 가족 구조도 마술 고발을 초래하는 하나의 원인이 된다. 그리하여 마녀로 고발당한 여자들 중에는 새엄마와 후처들co-wives의 경우가 가장 두드러지게 많았다. 심해지는 토지 부족 현상은 이런 갈등을 더 심화시켰는데, 그 이유는 남편이 자신의 모든 아내를 부양하기가 어렵게 되고, 아내들 사이에 그리고 아이들 사이에 심각한 경쟁이 일어났기 때문이다. 이미 우리가 본 것처럼, 전후 모잠비크의 토지 분쟁에서는 심지어 여자들이 서로 마녀라고 고발하는 일까지 생기게 되었다.[45] 그러나 우리가 더 넓은 지평에서 이 일을 해석하지 않으면, 어떻게 이런 갈등이 나이 든 여자들을 향한 그런 잔인한 공격으로 이어질 수 있는지 이해하기 어렵다. 이곳은 공동체적 마을 경제가 해체

---

45. Heidi Gengenbach, " 'I'll Bury You in the Border!' Land Struggles in Post-war Facazisse (Magude District), Mozambique," *Journal of Southern African Studies* 24, no. 1 (March 1998) : 7~36.

되는 세계다. 한편에는 자식들의 안정된 생활을 위해서 자급 농업을 하고 예를 들자면 자신들의 땅 또는 나무를 팔길 거부하면서[46] 천연자원을 비자본주의적으로 사용할 것을 가장 강력하게 지지하는 나이 든 여성이 있고, 다른 한편에는 현재 자신들이 직면한 난관 때문에 마음이 불안해지고, 노인들이 자신들의 미래를 마련해 줄 능력이 없을 뿐 아니라, 더욱 심하게는 노인들이 자신들이 부를 얻는 데 방해가 된다고 확신하는 청년세대가 성장하는 세계이다. 마크 아우스랜더가 응고니[Ngoni](동부 잠비아)의 경험을 바탕으로 기록한 것처럼, 나이 든 남자들 역시 더 오래된 자급자족 공동체 세계의 가치관과 확산되고 있는 화폐경제의 가치관 사이의 갈등 속에 갇혀 있다.

---

46. 모잠비크 안치로(Anchilo) 지역에서 ─토지 소유권을 주장한 여성들이 마녀로 고발당했던 지역이다─ 인터뷰한 36명의 여성 가운데, 단 일곱 명만이 자신들이 유산으로 받은 나무를 팔겠다고 대답했다. 반면에 나머지 여성은 자신들의 아이들을 위해서 나무를 계속 가지고 있겠다고 말했다. Bonate, "Women's Land Rights in Mozambique," 113을 보라. 마크 아우스랜더(Mark Auslander)가 기록했듯이, "모세 박사[마녀 추적꾼]와 그의 추종자들은 내가 그들에게 준 사진들의 가치를 높게 평가하는 것처럼 보였다. 모세 박사는 여러 번 텔레비전 시리즈에 이 자료를 이용하고 싶다는 희망을 표시했다." 그러나 아우스랜더는 "때때로 나는 참가자의 고통을 배가시켰음이 분명하다"고 인정한다. "Open the Wombs," 190을 보라.

대중가요와 대중극에서는 자손들이 현금을 얻기 위해서 그리고 화학 비료나 트럭을 사기 위해서 자신들에게 독약을 먹이고 가축을 팔 것이라고 노인들이 한탄한다. 그러나 "부를 얻으려는 싸움"은 "〔무엇보다도〕 나이 든 여성의 신체와 벌이는 싸움"이다.[47] 그 이유는 나이 든 여성이, 수확을 망치고, 젊은 여성들을 불임으로 만들고, 그리고 자신들이 가지고 있는 것을 비축하기 때문에 사회의 재생산에 특별한 위협이 된다고 [젊은이들이] 믿기 때문이다. 다시 말하면, 여성은 화폐경제의 확대를 방해하는 주요 행위자들로, 그래서 젊은이들이 사용할 수 있는 자원을 이기적으로 독점하는 쓸모없는 사람들로 여겨지기 때문에 여성 신체에 대한 전쟁이 벌어진다. 이러한 관점에서 보면, 오늘날의 마녀사냥은 세계은행이 토지와 관련해서 선전하는 이데올로기에 못지않게 가치창조에 대한 전통적 관념의 완전한 왜곡을 보여준다. 마녀사냥꾼들이 나이 든 여성의 신체에 표출하는 경멸은 이 왜곡을 상징적으로 드러낸다. 단적으로 잠비아에서 나이 든 여성은 때때로 "쓸모없는

---

47. Auslander, "Open the Wombs," 170.

질"이라고 조롱당한다.

우리가 지금까지 살펴본 것처럼, 점점 늙어가는 자급자족형 농민을 제거하는 것만이 아프리카에서 '마녀'를 향해 자행되는 폭력의 동기는 아니다. 16세기 유럽의 경우처럼, 오늘날 많은 남성은 자본주의적 관계의 확장이 자신들의 경제적 안정과 남성성에 가하는 위협에 직면하여, 자신들과 경쟁하고 있다고 여기는 여성들의 평판을 떨어뜨리는 방식으로 대응하고 있다. 그리하여 아프리카에서 주요한 사회 세력 중 하나인 여성 상인들이 번번이 마녀라는 누명을 뒤집어쓰고 있다. 이는 경제 자유화로 야기된 높은 물가 상승률의 책임을 종종 상인 여성들에게 전가하는 국내 정치가들 때문이다.[48]

장사하는 여성을 향한 공격도 대립하는 가치체계 간의 충돌과 관련되어 있다. 제인 패리쉬의 기록에 의하면 가나에서의 마술 고발은, 번 돈을 자신들이 관리할 수 있는 지역 경제에 환원할 것을 주장하는 주로 여성인 마을 상인의 가치체계와, 수입과 수출에 종사하고 세계시장을

---

48. 같은 글, 182.

경제활동의 장으로 여기는 남성 사업가의 가치체계, 이 두 가치체계의 충돌 속에서 전개되고 있다.[49] 이 시나리오에는 성적인 요소들 역시 포함된다. 바로 앞서 언급한 사업가들이 '마녀'가 성적인 기술을 사용해서 (자신의 지갑은 물론) 자신의 신체도 전유appropriate할 수 있다고 무서워하고 있기 때문이다. 그러나 '마녀'를 고발하는 가장 흔한 이유는, 마녀들이 불임이고 그들이 마술을 건 사람들을 성적으로 또한 경제적으로 불임으로 만든다는 것이다.[50] 1989년 마녀 색출 캠페인 중에 동부 잠비아 농촌 지역사회에서 다른 여성을 불임으로 만들었다고 고발당한 여성들은 "자궁을 열어라!"라는 명령을 들었다.[51] 한편, 이 여성

49. Parish, "From the Body to the Wallet," 487~501.

50. Auslander, "Open the Wombs," 179.

51. 같은 글, 167. [* 여기 인용된 아우스랜더의 글에 따르면 "자궁을 열어라"는 1988년에 잠비아 동부 치파타(Chipata) 지역의 음페제니 응고니(Mpezeni Ngoni) 부족사회에 갑자기 나타나 부족사회 전체를 휩쓴 뒤 1989년 1월에 사라진 마녀사냥 의식을 의미한다. 응고니의 나이 든 여성들(일부 나이 든 남자도 포함)은 '자궁을 닫게 한다'(closing womb)고 고발당한다. 이 말은 그/녀들이 생물학적으로 불임을 부추겼다는 것뿐 아니라, 사회경제적인 재생산을 파괴했다는 의미를 담고 있었다. 특히 1988년 5월, 많은 나이 든 여성과 소수의 나이 든 남성이 마녀로 몰려 집을 수색당하고 심한 모욕과 구타를 당했다. 또한 그들의 피부를 찢고 그 상처에 강력한 마녀 퇴치약을 뿌렸다. 마녀사냥꾼들과 그 지지자들은 이런 의식을 통해 마녀가 응고니 사회에서 완전히 사라질 것이라고 선언했고, 그 후에야 마을 사람들이

들의 신체는 수십 번 난도질로 절개 당해 열렸고, 그 속으로 '정화하는' 약이 쏟아져 들어갔다.[52]

마녀사냥과 페미니스트 운동 : 공통장의 재구축

아프리카의 마녀사냥이 여성에게 위협이 되고 고통을 부여하며 여성의 신체와 권리를 침해하고 있는데도 페미니스트들은 이에 맞서서 목소리를 높이거나 힘을 모으지 않고 있다. 그 이유에 대해서 우리는 추측만 할 수 있을 따름이다. 누군가는 이 이슈에 초점을 맞추는 것이 전쟁, 전 지구적 부채, 환경 같은 더 광범위한 정치 사안들로부터 부차적인 문제로 눈을 돌리는 것이라고 생각할 수도 있다. 또 앞서 언급한 것처럼, 아프리카 사람들은 후진적이라는 식민주의적 이미지를 더 확산시키게 될까 봐 이 주제를 다루기를 주저하는 사람들도 있을 것이다. 그 결과 이러한 박해를 분석한 사람들은 대부분 언론인과 학자들이었고, 이는 분석의 탈정치화로 귀결되었다. 대개 설명은 관

돈을 벌 수 있을 것이라고 주장했다.]
52. 같은 글, 174.

찰자의 입장에서 작성되어 있고, 고발당한 그 많은 사람이 감내해야 했던 끔찍한 사태에 분노를 표하는 경우는 매우 드물다. 내가 읽은 문헌 중에서도 소수의 예외를 제외하고는 [마녀사냥 피해자를] 대변하는 입장에서 쓰인 것이나 이 학살에 대한 국내외 기관의 무관심에 항의하는 것을 찾기는 어려웠다. 대부분의 인류학적 분석은 이 새로운 마녀사냥이 전통으로의 회귀가 아니라, '근대성'이 유발하는 과제들을 아프리카인들이 해결하려는 방식임을 입증하는 데만 천착하고 있다. 살해당한 여성, 남성, 아동에 대한 동정의 말은 거의 찾아볼 수 없다. 한 인류학자는 마녀 추적꾼과 함께 일하기까지 했다. 이 인류학자는, 마녀를 색출해 퇴마 의식을 하기 위해 잠비아의 이 마을 저 마을을 헤집고 다니는 마녀 추적꾼과 수개월간 함께 다녔다. 마녀의 몸에서 악령을 쫓는다는 명목으로 진행되었을 이 의식에서 사람들은 모욕당하고, 겁박당하고, 갈기갈기 찢겼다. 얼마나 폭력적이었는지, 의식 전체를 촬영하여 남긴 이 학자는 그것을 무장 도적 떼의 습격에 비교할 정도였다. 그러고 나서 그는 마녀사냥꾼이 자기 사업 홍보에 사용할 것을 알면서도 촬영한 사진들을 사냥꾼에게 넘겨줌으로써 그를 흡족하게 했다.

페미니스트들은 다른 유형의 연구에 참여해야 한다. 즉, 마녀사냥이 양산되는 사회적 조건을 분석해야 한다. 이러한 연구는 이 박해를 기록하고 널리 알리고 종식하는 활동을 하는 인권 운동가와 사회정의 단체의 지지를 얻는 데 도움이 된다. 이런 유형의 학술 활동과 운동 사례는 적지 않다. 수년 동안, 인도의 페미니스트들은 지참금 살인을 정의하는 방식을 주도해 왔고, 이를 국제적인 현안으로 부상시키면서 반대 여론을 조성해 왔다.[53] 아프리카 마녀사냥의 경우도 같은 진전이 있어야 할 것이다. 마녀사냥은 정치적 행동주의의 전면에 위치 지어져야 한다. 왜냐하면, 마녀사냥은 심각한 인권 침해일 뿐만 아니라, 이 박해들

---

53. * 인도에서는 1961년 지참금 살인이 법으로 금지되었다. 그러나 그 이후에도 관습법으로 살아남아 여러 형태로 지참금 살인을 허용해 왔다. 예를 들어 여성을 직접 살해하는 것이 아닐지라도 '자살'하도록 몰아가서 죽게 만들었다. 인도의 페미니스트들은 이처럼 여성에 대한 폭력과 살해가 당연시되어 온 관습에 맞서, 지참금 살인도 명백한 범죄행위임을 주장하는 활동을 인도 국내뿐 아니라 국제적으로도 펼쳐 왔다. 다음의 자료를 참고하라. Rhea Mogul, "Indian man jailed for 10 years over wife's 'dowry death' ", CNN, 2022년 5월 25일 수정, 2023년 2월 19일 접속, https://cnn.it/3YJf3QI. Madhu Purnima Kishwar Manushi, "Strategies for Combating the Culture of Dowry and Domestic Violence in India", 2005년 5월 17일~20일, 2023년 2월 19일 접속, https://bit.ly/3IBVXGS.

은 아프리카의 정치경제의 핵심, 그리고 이 행성 대부분 지역의 사회적 삶의 핵심을 건드리는 중요한 사안들과 관련되어 있기 때문이다.

여성의 삶, 새로운 세대에게 전해질 가치들, 여성과 남성의 협력 가능성이 위기에 처해 있다. 식민주의가 도래하기 전까지 아프리카와 전 세계 곳곳에서 삶을 형성했던 공동체적 체계들의 운명도 위태롭다. 전 세계 어느 곳과 비교해도 공동체주의는 수 세대를 거쳐 1980년대와 그 이후까지도 아프리카의 사회생활과 문화를 특징짓는 것이었다. 농토에서 생산되는 것을 환금작물로 바꾸기는 했지만 [아프리카] 여러 나라에서 사람들은 식민지 시기조차 농토에 대한 소유권을 부여받지는 않았다.[54] 세계은행의 구

---

54. * 강문수·정민지·문수현·박규태, 『토지제도 특성이 농업 생산에 미치는 영향 비교 : 에티오피아와 말라위를 중심으로』, 대외경제정책연구원, 2021년, 3~5, 17쪽. 이 논문에 따르면 농업에 종사하는 인구가 전체의 절반 이상을 차지하는 사하라 이남 아프리카에서 농토는 단순한 재산의 개념이 아니라, 생존에 절대적으로 필요한 자산으로 여겨진다고 한다. 따라서 전통적으로 토지를 사고파는 시장이 활발하지 않았으며 제도적으로 토지의 전매가 제한되어 온 지역들이 있고 성문법과 관습법이 혼재되어 있다. 한 예로 에티오피아는 법적으로 모든 토지가 국유지이며 토지 재분배 정책이 실시되었다. 이처럼 토지 소유권을 둘러싼 특성은 사하라 이남 아프리카 지역에 자본주의가 진출하는 데 걸림돌이 되었다고 한다. 이러한 사하라 이남 아프리카 지역의 토지에 대한 독특한 인식을 기반으로 할 때, 이 문장의

조조정 프로그램을 아프리카 토지 시장을 개발할 기회로 여기고 환영했던 자본주의 정책 기획자들에게 아프리카는 오랜 골칫거리였다. 그러나 현재의 마녀사냥이 보여주듯이, 아프리카의 공동체주의는 역사적인 위기를 겪고 있다. 사회정의 운동의 정치적 도전이 필요한 부분이 바로 이 지점이다.

중요한 것은 이 위기를 공동체적 관계의 폐단으로 잘못 해석하면 안 된다는 것이다. 왜냐하면, 아프리카에서 위기에 처한 것은 공동체주의 자체가 아니라, 100년이 넘도록 비난받아 온 공동체 관계의 특정한 유형이기 때문이다. 그것은 가장 잘 운영될 때조차 완전한 평등 관계에 기반하지 않았다. 과거에는, 모잠비크에서 현재 일어나고 있는 것처럼 유산으로 남겨진 토지를 소유하려고 하는 여성이 남편 친족들에게 마녀로 몰려 화형당하는 일은 없었을지 몰라도, 여성은 토지를 상속받는 것은 물론 사용하는 것에 있어서도 관습법에 의해 종종 차별당해 왔다. L. 무쏘니 와녜키가 『아프리카 여성과 토지』(2003)에 기록했듯

---

alienate의 사전적 뜻은 '양도하다'이지만 여기서는 '소유권을 부여받지 않았다'라고 번역한다.

이, 이 차별에 대한 대응으로서 지난 10여 년 동안 여성을 위한 토지 개혁과 토지 권리를 요구하는 여성 운동이 아프리카에서 성장하고 있다. 그러나 이 운동은 토지 소유권을 요구하거나 획득한 토지를 계속 보유하려고 하는 여성들이 마녀로 취급받는 한 성공할 수 없을 것이다. 더욱 문제인 것은 이 운동이 세계은행이 추진하는 토지개혁, 즉 토지 소유권 부여와 법제화로 토지 재분배를 대체하는 형태의 토지 개혁을 정당화하는 데 이용될 수 있다는 점이다. 어떤 페미니스트는 소유권을 부여하는 것이 여성들의 안전을 더욱 보장하거나, 아프리카의 농촌에서 종종 마녀사냥이나 여러 형태의 무력 충돌을 일으키는 원인이 되어 온 토지 분쟁을 막을 수 있다고 믿을지도 모른다. 그러나 이러한 믿음은 환상이다. 그 이유는 세계은행과 미국 국제개발청이나 영국 정부 같은 다른 개발업자들이 추진하는 토지법 개정은 외국 투자자들에게만 이익을 주고 농촌에는 더 많은 부채, 더 많은 토지 양도, 그리고 빼앗긴 자들끼리의 더 많은 분쟁을 초래할 것이기 때문이다.[55] 이

---

55. Manji, *The Politics of Land Reform in Africa*, 35~46, 99~132.

를 대신해서 필요한 것은 토지와 다른 공동의 자원에 대한 평등한 접근을 보장하는 새로운 공동체주의의 형태들이다. 여성이 자식이 없더라도, 자신이 낳은 아이가 아들이 아니더라도, 나이가 들어서 더는 아이를 가질 수 없더라도, 또는 남편이 죽고 보호해줄 남자 후손이 없더라도 부당한 대우를 받지 않는 공동체주의의 형태들이 필요한 것이다. 다시 말해, 아프리카 안팎의 페미니스트 운동은 가부장적 공동체주의의 실패와 몰락이 공통 자원에 대한 사유화를 정당화하지 않도록 저지해야 한다. 대신에 페미니스트 운동은 완전히 평등한 공통장의 구성에 정진하면서 이러한 길을 걸어온 조직들의 사례에서 배워야 한다. 이러한 조직으로는 〈비아 깜뻬씨나〉, 브라질의 〈무토지 농민운동〉과 사빠띠스따가 있는데, 이들 모두 성공의 기초 조건인 여성권력의 구축과 연대를 경험한 조직들이다.

마녀사냥으로 피해를 받고 있는 아프리카 마을과 여성들의 관점에서는, 페미니스트 운동 역시 '어느 편에 설지' 결정해야 하는 기로에 서 있는 것이다. 페미니스트들은 지난 20여 년간, 각국 정부로부터 유엔에 이르기까지 여성을 위한 공간을 창출해 내기 위해서 큰 노력을 해왔다. 하지만 그들이 현장에서 경제적 지구화의 직격탄을 맞은 여성들, 특히 농촌 여성들의 '힘을 돋우기' 위해서 항상 같은 정도의 노력을 기울여 왔던 것은 아니다. 많은 페미니스트 단체가 '유엔 여성 10년'을 기념하면서도 그 기간 아프리카에서 화형당한 마녀들의 절규는 듣지 않았다. 또한 당시 무소불위의 면책특권을 누리는 지역사회의 젊은이들에게 나이 든 여성들이 고문, 수모, 조롱을 당하고 죽어 나갈 때에도 '여성의 힘'이 얼마나 공허한 말인지 묻지 않았다.

아프리카에서 마녀사냥을 부추기고 선동하는 세력은 막강하여 쉽게 물러나지 않을 것이다. 여성에 대한 폭력은 부가 축적되기 위해 사람들의 생명이 '잡아먹히지' 않는 그런 새로운 세상이 건설될 때에만 종식될 것이다. 지금부터 시작하지만 우리는 어떤 효과적인 대응책을 마련할 수 있을지 알기 위해 여성들이 국제적으로 얻은 경험을 활용할 수 있을 것이다. 결혼이 아니라면 얻을 수 없는 돈과 상품을 구할 목적으로 재혼에 혈안이 된 남편들에게 '지참금 살인'을 당해 불타 죽는 여성들의 수가 계속해서 급증하고 있다. 이에 맞서서, 1990년대에 인도 여성들은 경찰들이 살인범을 체포하도록 하기 위하여 살인자의 집 앞이나 경찰서에서 거리 연극과 시위 그리고 연좌 농성을 하면서 광범위한 교육 캠페인을 벌였다.[56] 그들은 살인자들을 모욕하고 창피를 주는 노래와 슬로건을 만들고, 이웃끼리 그룹을 구성하고, 남자들이 다시는 지참금을 요구하지 않겠다는 맹세를 하는 공개모임을 마련했다.[57] 교사들도 거리로 나와 지참금 살인에 반대하는 시위를 했다.

이러한 직접행동 전술은, 자신들이 고문하고 살인할 자격이 있다고 믿는 한 계속해서 폭력을 행사할 아프리카의 마녀사냥꾼들에 대항하기 위해 응용되고 적용될 수 있다. 지금까지 아프리카의 여성들은 식민 세력과 대결하면서 자신들의 주장을 분명히 전달할 투쟁과 전술을 구축해 왔기 때문에, 이러한 형태의 동원을 시작할 준비가 아주 훌륭하게 갖춰져 있다. 예를 들어, 다음과 같은 여성 운동을 조직해야 한다. 아프리카 풀뿌리 여성운동이 하듯이, 마녀사냥꾼을 '욕보이고'[sit on 58], 그들이 보는 앞에서 옷

---

56. Radha Kumar, *The History of Doing : Illustrated Account of Movements for Women's Rights and Feminism in India 1800~1990* (London : Verso, 1997), 120~21.

57. Kumar, *The History of Doing*, 122.

58. * "깔고 앉다"(sit on)라는 말은, 이그보(Igbo) 여자들이 남자들에게 모욕

을 벗어 던지고, 일부러 꾸며낸 '저속하고 불온한'incivility 행동을 하면서 모욕을 주는 것이다.59 여성들은 아프리카의 범법자들 집 앞에서, 그리고 마녀사냥을 추동하는 정책을 만들어내는 여러 나라의 수도에 있는 국제기구들의 문 앞에서, 그러한 시위를 해야 한다.

분명히, '남자 욕보이기 운동'sitting on the man은 단지 시작에 불과하다. 그러나 새로운 마녀사냥에 대항하기 위해서 여성들과 페미니스트들이 할 수 있는 일이 많으며, 그러한 개입이 긴급히 필요하다고 인식하는 것이 중요하다. 왜냐하면 공동체적 관계가 붕괴되어 가는 사회적 환경에서는,

---

을 주기 위해 그의 집이나 직장으로 가서 그의 좋지 않은 행동을 낱낱이 춤과 노래로 부르고, 그의 집 벽을 국자로 두드리고 집의 지붕을 벗기는 등의 행동을 의미한다. https://en.m.wikipedia.org/wiki/Sitting_on_a_man.

59. Susan Diduk, "The Civility of Incivility : Grassroots Political Activism, Female Farmers and the Cameroon State," *African Studies Review* 47, no. 2 (September 2004) : 27~54. [* 이 논문의 30쪽 및 46~47쪽을 참고하면, 페데리치가 여기서 언급하는 sit on이라는 직접행동은, 카메룬 북서부 지역 여성 사회운동인 타쿰벵(Takembeng)의 경험을 바탕으로 했음을 알 수 있다. 이 여성 사회운동은 군대와 보안군이 시위대를 괴롭히지 않도록 하기 위하여, 나체, 배뇨, 배변 등의 행위를 하면서 행진하는 것으로 알려져 있다. 특히 아프리카의 역사적 상황 속에서 이러한 sit on 직접행동은, 문명에 반해 '저속하다'는 의미와 기성 정치체제에 반해 '불온하고 반체제적이다'라는 의미를 함께 갖는다. 이러한 아프리카의 여성 직접행동의 경험을 고려하여, 'incivility'의 의미를 "저속하고 불온한"이라고 번역한다.]

로프와 가솔린으로 무장한 젊은이로 구성된 폭력단에 둘러싸인 여자와 나이 든 남자를 구하기 위해 용기 있게 나설 사람이 거의 없을 것이기 때문이다. 여성들이 아니라면 그 누구도 마녀사냥에 맞서 조직화하지 않을 것이며, 이는 마녀사냥이나 다른 새로운 형태로 이러한 테러 행위가 지속될 것이라는 의미이다. 마녀사냥의 귀환에서 배우는 교훈은 이런 형태의 박해가 역사상의 어떤 특정한 시대로 한정된 것이 아니라는 점이다. 이러한 박해는 자체의 생명력이 있어서, 배척당하고 비인간화될 수밖에 없는 사람들이 존재하는 사회라면 어디에서든지 동일한 메커니즘에 따라 생겨날 수 있다. 마녀라고 고발당한 사람들―여전히 주로 여성들인데―을 지역사회를 파괴하는 데 혼신을 다하는 괴물로 둔갑시켜 동정하거나 연대할 가치가 없는 사람들로 만들기 때문에, 마술 고발이야말로 궁극의 소외와 배제의 메커니즘이라고 할 수 있다.

:: **결론**

이 책은 『캘리번과 마녀』에서 다룬 몇 가지 주제와 우리가 지금도 목도하고 있는 급격히 증가하는 여성에 대한 폭력의 연관성을 다시 살핀다. 그리고 이 책이 답하려고 시도하는 것은 어떤 사회 운동에 있어서도 핵심적인 문제들이다.

여성은 이 세상에 살았던 그리고 살아온 모든 사람을 자신의 몸을 통해 세상에 나오게 하고 아이를 낳아 키우고 가족을 매일 재생산하는 일을 해왔다. 그런데 여성이 새롭게 나타나는 마녀사냥을 비롯해서 그토록 광범위한 폭력의 대상이 되는 이유는 무엇인가?

나는 특히 2부에서 다음을 주장했다. 오늘날 여성, 특히 흑인이고 식민 경험이 있는 지역의 프롤레타리아 여성에 대한 공격의 한 측면은, 그것이 반항적인 청년 세대의 어머니가 될 수도 있는 여성, 그리고 강탈을 거부하고 수세대 동안 노예화된 공동체들이 생산해 온 것을 되찾기

위해 투쟁하는 여성에게 가해지는 공격이라는 점이다. 이
런 의미에서 흑인/'가난한' 여성을 향한 폭력과 미국 정부
가 국내에서 또는 전 세계에서 밀어붙이고 있는 대량 구
금mass incarceration 정치 사이에는 연관성이 있다. 이른바 제
3세계에서, 쓸모없는 사람으로, 지역사회의 부담으로, 그
리고 공공의 이익과 배치된다고 생각되는 (자급 농업 같
은) 생산 형태들을 옹호하는 사람으로, 여성을 정의하는
경제정책 때문에 여성들은 폭력의 대상이 되었다. 또한, 새
롭게 급증하는 여성 폭력의 핵심적 요소 중 하나는 자본
축적이 채굴주의[1]의 실행에 점점 더 의존하게 되는 것이
다. 이는 채굴주의의 표적이 되는 공동체들의 강제이주와

---

1. * 채굴주의(extractivism)는 세계 자본주의 시장에 내다 팔기 위해서 제3세
계 등에서 천연자원을 채굴하는 행위를 의미한다. 또한 다음의 논문(에두
아르도 구디나스, 「채굴주의에 맞서는 환경주의 흐름」, 조영실 옮김, 『라틴
아메리카이슈』, 서울대학교 라틴아메리카연구소, 2018년 12월, 151쪽)에 따
르면 채굴주의는 21세기에 들어와 천연자원을 대규모 또는 높은 집약도로
취득하여 원료로 개발하는 방식을 의미하는 것으로 변화한다. 21세기에
들어서면서 많은 국가들의 채굴작업이 심화되었기 때문이다. 예를 들면 거
대 노천광산 프로젝트, 열대지역의 석유 시추작업, 단일작물 재배에 사용
되는 경작면의 증가 등을 들 수 있다. 채굴 및 채취 규모는 거대하고 광범위
해졌으며, 브라질의 경우 2010년경 약 5톤의 천연자원을 개발했다고 한다.
이러한 채굴주의의 심화는 환경오염, 지형변화, 생태계의 파괴, 원주민 공동
체의 파괴 등을 야기했고 현재도 수많은 환경운동을 촉발시키고 있다.

그들의 재생산 수단의 파괴를 필연적으로 수반한다.

그러나 여성에 대한 공격은 무엇보다도 자본이 자신의 재생산을 위해 가장 필요로 하지만 통제하거나 평가절하할 수 없는 것을 파괴할 필요에서 나온다. 왜냐하면, 오늘날과 같은 초자동화 시대에조차 여성들의 임신을 통하지 않고는 그 어떤 노동work도 그 어떤 생산도 존재하지 않을 것이기 때문이다. 시험관 아기Test-tube babies라는 것은 존재하지 않는다. 여성의 신체는 자본이 아직 정복하지 못한 유일한 최후의 프런티어frontier이다. 시험관 아기라는 담론적 고안물은 여성 신체 밖에서 생식[출산]을 가능케 하려는 남성적 해법의 표현이다. 우리는 이를 배격해야 한다.

또한, 모든 마녀사냥은 그것이 어떤 형태를 취하든지 간에 이웃·친구·애인이라는 가면 아래에 권력, 섹스, 부를 갈망하는 혹은 그저 악행을 저지르고 싶어 하는 또 다른 인격이 숨어 있다는 의심을 주입함으로써 공동체적 관계를 파괴하는 강력한 수단이다. 과거와 마찬가지로 세계 곳곳에서 자본주의에 대한 역겨움과 자본주의적 착취에 대한 저항이 퍼져가고 있는 지금, 이러한 날조 전략은 필수적이다. 이때 결정적인 것은 우리가 서로를 두려워하고,

서로 속셈을 품었다고 의심하고, 동료들과 관계할 때 얻을 것이 무엇인지 혹은 손해를 입지는 않을지에만 혈안이 되게 만드는 것이다.

이러한 이유로 마녀사냥의 역사와 논리뿐 아니라 우리 시대에 계속해서 자행되고 있는 마녀사냥의 다양한 방식들을 이해하기 위해 노력하는 것이 중요하다. 우리가 이것을 살아 있는 기억으로 만들 때에만, 그러한 과거가 우리에게 되풀이되는 일을 막을 수 있을 것이다.

:: 참고문헌

Adinkrah, Mensah. *Witches, Witchcraft and Violence in Ghana*. New York : Berghahn Books, 2015.

Agarwal, Bina. *A Field of One's Own : Gender and Land Rights in South Asia*. Cambridge : Cambridge University Press, 1994.

Amussen, S.D. "Gender, Family and the Social Order, 1560~1725." In Fletcher and Stevenson, eds. *Order and Disorder in Early Modern England*, 196~217.

Appleby, Joyce Oldham. *Economic Thought and Ideology in Seventeenth Century England*. Princeton, NJ : Princeton University Press, 1978.

Apter, Andrew H. "Atinga Revisited : Yoruba Witchcraft and the Cocoa Economy, 1950~1951." In Comaroff and Comaroff, *Modernity and Its Malcontents*, 111~28.

Arteaga, Leticia. "Pobreza, violencia y el proyecto de las madres comunitarias en Colombia." Unpublished manuscript.

Ashford, Adam. "Reflections on Spiritual Insecurity in a Modern African City (Soweto)." *African Studies Review* 41, no 3 (December 1998) : 39~67.

_____. *Witchcraft, Violence, and Democracy in South Africa*. Chicago : University of Chicago Press, 2005.

Astill, James. "Congo Casts Out Its 'Child Witches.' " *Guardian*, May 11, 2003. Accessed May 7, 2018. https://www.theguardian.com/world/2003/may/11/congo.jamesastill.

Auslander, Mark. "Open the Wombs : The Symbolic Politics of Modern Ngoni Witch-Finding." In Comaroff and Comaroff, *Modernity and Its Malcontents*, 167~92.

Austen, Ralph A. "The Moral Economy of Witchcraft : An Essay in Comparative History." In Comaroff and Comaroff, *Modernity and Its Malcontents*, 89~110.

Bastian, Misty L. " 'Bloodhounds Have No Friends' : Witchcraft and Locality in the Nigerian Popular Press." In Comaroff and Comaroff, *Modernity and Its Malcontents*, 129~66.

Berg, Allison, dir. *Witches in Exile*. San Francisco : California Newsreel, 2005, DVD, 79 min.

Bonate, Liazzat. "Women's Land Rights in Mozambique : Cultural, Legal and Social Contexts." In L. Muthoni Wanyeki, *Women and Land in Africa*, 96~132.

Bond, George Clement, and Diane M. Ciekawi, eds. *Witchcraft Dialogues : Anthropology and Philosophical Exchanges*. International Studies, Africa Series no. 76. Athens : Ohio University Center for International Studies, 2001.

Bongmba, Elias K. "Witchcraft and the Christian Church : Ethical Implications." In Haar, *Imagining Evil*, 113~42.

Capp, Bernard. *When Gossips Meet : Women, Family, and Neighbourhood in Early Modern England*. Oxford : Oxford University Press, 2003.

Caputi, Jane, and Diana E.H. Russell. "Femicide : Sexist Terrorism against Women." In Radford and Russell, *Femicide*, 13~21. [제인 카푸티 · 다이애나 E. H. 러셀, 「페미사이드 : 여성을 향한 성차별적 테러리즘」, 『페미사이드』, 41~61쪽.]

Carey, David, Jr. and M. Gabriela Torres. "Precursors to Femicide : Guatemalan Women in a Vortex of Violence." *Latin American Research Review* 45, no. 3 (January 2010) : 142~64.

Chabal, Patrick, and Jean-Pascal Daloz. *Africa Works : Disorder as Political Instrument*. Oxford : James Currey, 1999.

Chauduri, Soma. *Witches, Tea Plantations, and Lives of Migrant Laborers in India : Tempest in a Teapot*. Lanham, MD : Lexington Books, 2013.

Ciekawy, Diane, and Peter Geschiere. "Containing Witchcraft : Conflicting Scenarios in Postcolonial Africa." *African Studies Review* 41, no. 3 (December 1998) : 1~14.

Clark, Alice. *Working Life of Women in the Seventeenth Century*. London : Routledge & Kegan Paul, 1982 [1919].

Cohn, Samuel K. "Donne in piazza e donne in tribunale a Firenze nel rinascimento." *Studi Sorici* 22, no 3 (July~September 1981) : 515~32.

Comaroff, Jean, and John Comaroff, eds. *Modernity and Its Malcontents : Ritual and Power in Postcolonial Africa*. Chicago : University of Chicago Press, 1993.

____, eds. *Law and Disorder in the Postcolony*. Chicago : University of Chicago Press, 2006.

____. "Occult Economies and the Violence of Abstraction : Notes from the South African Postcolony." *American Ethnologist* 26, no. 2 (May 1999) : 279~303.

Cornwall, Julian. *Revolt of the Peasantry, 1549*. London : Routledge & Kegan Paul, 1977.

Dalla Costa, Giovanna Franca. *The Work of Love : Unpaid Housework, Poverty and*

Sexual Violence at the Dawn of the 21st Century. New York : Autonomedia, 2008.

Daly, Mary. *Gyn/Ecology : The Methaethics of Radical Feminism*. Boston : Beacon Press, 1978.

Danfulani, Umar Habila Dadem. "Anger as a Metaphor of Witchcraft : The Relation between Magic, Witchcraft, and Divination among the Mupun of Nigeria." In Haar, *Imagining Evil*, 143~84.

Deininger, Klaus. *Land Policies for Growth and Poverty Reduction : World Bank Policy Research Report*. Washington, DC : World Bank and Oxford University Press, 2003.

Diduk, Susan. "The Civility of Incivility : Grassroots Political Activism, Female Farmers and the Cameroon State." *African Studies Review* 47, no. 2 (September 2004) : 27~54.

Dovlo, Elom. "Witchcraft in Contemporary Ghana." In Haar, *Imagining Evil*, 67~112.

Ehrenreich, Barbara, and Deirdre English. *Witches, Midwives, and Nurses : A History of Women Healers*. New York : Feminist Press, 1973. [바버라 에런라이크 · 디어드러 잉글리시, 『우리는 원래 간호사가 아닌 마녀였다』, 김서은 옮김, 라까니언, 2023.]

Ekine, Sokari. "Women's Response to State Violence in the Niger Delta." *Feminist Africa* 10 (2008) : 67~83.

Ellis, Stephen. "Witching Times : A Theme in the Histories of Africa and Europe." In Haar, *Imagining Evil*, 31~52.

Evans, Edward Payson. *The Criminal Prosecution and Capital Punishment of Animals : The Lost History of Europe's Animal Trials*. London : William Heineman, 1906.

Fagotto, Matteo. "The Witch Hunts of India." *Friday Magazine*, September 4, 2013. Accessed May 11, 2018. http://fridaymagazine.ae/features/the-big-story/the-witch-hunts-of-india-1.1227329#.

Falquet, Jules. "De los asesinados de Ciudad Juárez al fenómeno de los feminicidios : nuevas forma de violencia contra las mujeres?" *Viento Sur*, December 30, 2014. Accessed May 11, 2018. http://vientosur.info/spip.php?article9684. translated from French; First published as "Des assassinats de Ciudad Juárez au phénomène des féminicides : de nouvelles formes de violences contre les femmes?" *Contretemps*, October 1, 2014. Accessed May 11, 2018. https://www.contretemps.eu/desassassinats-de-ciudad-juarez-au-phenomene-des-feminicidesdenouvelles-formes-de-violences-contre-les-femmes/.

_____. "Femmes de ménage, loueuses d'utérus, travailleuses du sexe et travailleuses du care : le 'dés-amalgamage conjugal' en contexte néolibéral : libération ou nouvelle formes d'sppropriation?" Paper presented at the Coloque Internationale Travail, care et politiques sociales, débats Brésil-France, São Paulo, August 26~29, 2014.

_____. "Hommes en armes et femmes 'de service' : tendances néolibérales dans l'évolution de la division sexuelle du travail." *Cahiers du Genre* 40 (2006) : 15~37.

Fanon, Frantz. *The Wretched of the Earth*. New York : Grove Press, 1963. [프란츠 파농, 『대지의 저주받은 사람들』, 남경태 옮김, 그린비, 2010.]

Federici, Silvia. *Caliban and the Witch : Women, the Body and Primitive Accumulation*. Brooklyn : Autonomedia, 2004. [실비아 페데리치, 『캘리번과 마녀 : 여성, 신체 그리고 시초축적』, 황성원·김민철 옮김, 갈무리, 2011.]

_____. *Revolución en punto cero. Trabajo doméstico, reproducción y luchas feministas*. Madrid : Traficantes de sueños, 2013. Translated from English; First published as *Revolution at Point Zero : Housework, Reproduction, and Feminist Struggle*. Oakland : PM Press, 2012. [실비아 페데리치, 『혁명의 영점 : 가사노동, 재생산, 여성주의 투쟁』, 황성원 옮김, 갈무리, 2013.]

_____. "Witch-Hunting, Globalization and Feminist Solidarity in Africa Today." *Journal of International Women's Studies* 10, no. 1 (2008) : 21~35.

Fisiy, Cyprian F. "Containing Occult Practices : Witchcraft Trials in Cameroon." *African Studies Review* 41, no. 3 (December 1998) : 143~63.

Fletcher, Anthony, and John Stevenson, eds. *Order and Disorder in Early Modern England*. Cambridge : Cambridge University Press, 1986.

Gengenbach, Heidi. " 'I'll Bury You in the Border!' Land Struggles in Post-war Facazisse (Magude District), Mozambique." *Journal of Southern African Studies* 24, no. 1 (March 1998) : 7~36.

Geschiere, Peter, and Francis Nyamnjoh. "Witchcraft in the 'Politics of Belonging.' " *African Studies Review* 41, no. 3 (December 1998) : 69~91.

Grant, Jaime M. "Who's Killing Us?" In Radford and Russell, *Femicide*, 145~60. [제이미 M. 그랜트, 「누가 우리를 죽이고 있는가」, 『페미사이드』, 276~311쪽.]

Haar, Gerrie ter, ed. *Imagining Evil : Witchcraft Beliefs and Accusations in Contemporary Africa*. Trenton, NJ : Africa World Press, 2007.

Hari, Johann. "Witch Hunt : Africa's Hidden War on Women." *Independent*, March 11, 2009. Accessed May 8, 2018. https://www.independent.co.uk/news/world/africa/witch-hunt-africas-hidden-war-on-women-1642907.html.

Hester, Marianne. "Patriarchal Reconstruction and Witch Hunting." In *Witchcraft in Early Modern Europe: Studies in Culture and Belief*, edited by Jonathan Barry, Marianne Hester, and Gareth Roberts, 288~306. Cambridge: Cambridge University Press, 1996.

Hinfelaar, Hugo F. "Witch-Hunting in Zambia and International Illegal Trade." In Haar, *Imagining Evil*, 229~46.

Holmes, Clive. "Women: Witnesses and Witches." *Past and Present* 140, no. 1 (August 1993): 45~78.

Howell, Martha C. *Women, Production and Patriarchy in Late Medieval Cities*. Chicago: University of Chicago Press, 1986.

Johansen, Jens Christian V. "Denmark: The Sociology of Accusations" In *Early Modern European Witchcraft: Centres and Peripheries*, edited by Bengt Ankarloo and Gustav Henningsen, 339~66. Oxford: Clarendon, 1992.

Johnson, Holly, Natalia Ollus, and Sami Nevala. *Violence against Women: An International Perspective*. New York: Springer Science and Business Media, 2008.

Karim, Lamia. *Microfinance and Its Discontents: Women in Debt in Bangladesh*. Minneapolis: Minnesota University Press, 2011. [라미아 카림, 『가난을 팝니다: 가난한 여성들을 착취하는 착한 자본주의의 맨얼굴』, 박소현 옮김, 한형식 해제, 오월의봄, 2015.]

Klaits, Joseph. *Servants of Satan: The Age of the Witch Hunts*. Bloomington: Indiana University Press, 1985.

Kumar, Radha. *The History of Doing: Illustrated Account of Movements for Women's Rights and Feminism in India 1800~1990*. London: Verso, 1997.

LaFraniere, Sharon. "African Crucible: Cast as Witches then Cast Out." *New York Times*, November 15, 2007. Accessed May 8, 2018. https://www.nytimes.com/2007/11/15/world/africa/15witches.html.

L'Estrange Ewen, C. *Witch-Hunting and Witch Trials: The Indictments for Witchcraft from the Records of 1373 Assizes Held for the Home Circuit AD 1559~1736*. London: Kegan Paul, Trench, Trubner & Co., 1929.

Le Sueur, Meridel. *Women on the Breadlines*. 2nd rev. ed. New York: West End Press, 1984 [1977].

Levin, Dan. "A Chilling Journey along Canada's Highway 16." *New York Times*, May 26, 2016. Accessed May 8, 2018. https://www.nytimes.com/2016/05/26/insider/a-chilling-journey-along-canadas-highway-16.html.

_____. "Dozens of Women Vanish on Canada's Highway of Tears, and Most Cases

Are Unsolved." *New York Times*, May 24, 2016. Accessed May 9, 2018. https://www.nytimes.com/2016/05/25/world/americas/canada-indigenous-women-highway-16.html?mtrref=www.google.ca.

Linebaugh, Peter. *The Magna Carta Manifesto : Liberties and Commons for All*. Berkeley : University of California Press, 2008. [피터 라인보우, 『마그나카르타 선언 : 모두를 위한 자유권들과 커먼즈』, 정남영 옮김, 갈무리, 2012.]

Macfarlane, Alan. *Witchcraft in Tudor and Stuart England : A Regional and Comparative Study*. New York : Harper & Row, 1970.

Manji, Ambreena. *The Politics of Land Reform in Africa : From Communal Land to Free Markets*. London : Zed Books, 2006.

McVeigh, Tracy. "Children Are Targets in Nigerian Witch Hunt." *Guardian*, December 9, 2007. Accessed May 7, 2018. https://www.theguardian.com/world/2007/dec/09/tracymcveigh.theobserver.

Meintjes, Sheila, Anu Pillay, and Meredeth Turshen, eds. *The Aftermath : Women in Post-conflict Transformation*. London : Zed Books, 2001.

Merchant, Carolyn. *The Death of Nature : Women, Ecology and the Scientific Revolution*. San Francisco : Harper & Row, 1983. [캐럴린 머천트, 『자연의 죽음 : 여성, 생태학, 그리고 과학 혁명』, 전규찬·이윤숙·전우경 옮김, 미토, 2005.]

Meyer, Birgit. "The Power of Money : Politics, Occult Forces, and Pentecostalism in Ghana." *African Studies Review* 41, no. 3 (December 1998) : 15~37.

Midnight Notes Collective. *The New Enclosures. Midnight Notes* no. 10 (1990). Accessed June 13, 2018. https://libcom.org/files/mn10-new-enclosures.pdf.

Mies, Maria. *Patriarchy and Accumulation on a World Scale*. London : Zed Books, 2014 [1986]. [마리아 미즈, 『가부장제와 자본주의 : 여성, 자연, 식민지와 세계적 규모의 자본축적』, 최재인 옮김, 갈무리, 2014.]

Miguel, Edward. "Poverty and Witch Killing." *Review of Economic Studies* 72, no. 4 (October 2005) : 1153~72.

Moser, Caroline O.N., and Fiona C. Clark. *Victims, Perpetrators or Actors? Gender, Armed Conflict and Political Violence*. London : Zed Books, 2001.

Muchembled, Robert. *Culture populaire et culture des élites dans la France moderne (XVe~XVIIIe) : Essai*. Paris : Flammarion, 1978.

Mutungi, Onesmus K. *The Legal Aspects of Witchcraft in East Africa : With Particular Reference to Kenya*. Nairobi : East Africa Literature Bureau, 1977.

Niehaus, Isak A. "The ANC's Dilemma : The Symbolic Politics of Three Witch-Hunts in the South African Lowveld." *African Studies Review* 41, no. 3 (December

1998) : 93~118.

Niehaus, Isak A., with Eliazaar Mohala and Kelly Shokane. *Witchcraft, Power, and Politics : Exploring the Occult in the South African Lowveld*. London : Pluto Press, 2001.

Nuwer, Rachel. "Women Shut Down Deadly Witch-Hunts in India (Yes, That Still Happens)." *Smithsonian.com*, September 5, 2012. Accessed June 13, 2018. https://www.smithsonianmag.com/smart-news/women-shut-down-deadly-witch-hunts-in-india-yes-that-still-happens-26095379/.

Offiong, Daniel A. *Witchcraft, Sorcery, Magic and Social Order among the Ibibio of Nigeria*. New Haven, Enugu : Fourth Dimension Publishing, 1991.

Ogembo, Justus M. *Contemporary Witch-Hunting in Gusii, Southwestern Kenya*. Lewiston, NY : Edwin Mellen Press, 2006.

Okamba, Louis. "Saving the Elderly from Prejudice and Attacks." *African Agenda* 2, no. 2 (1999).

Olivera, Mercedes, ed. *Violencia feminicida en Chiapas : razones visibles y ocultas de nuestras luchas, resistencias y rebeldias*. Chiapas : Universidad de Ciencias y Artes de Chiapas-Centro de Derechos de la Mujer de Chiapas, 2008.

Oyěwùmí, Oyèrónké, ed. *African Women and Feminism : Reflecting on the Politics of Sisterhood*. Trenton, NJ : Africa World Press, 2003.

Palmer, Karen, *Spellbound : Inside West Africa's Witch Camps*. New York : Free Press, 2010.

Parish, Jane. "From the Body to the Wallet : Conceptualizing Akan Witchcraft at Home and Abroad." *Journal of the Royal Anthropology Institute* 6, no. 3 (September 2000) : 487~500. Accessed June 13, 2018. http://www.urbanlab.org/articles/Parish,%20Jane%202000%20From%20the%20body%20to%20the%20wallet.pdf.

Pels, Peter. "The Magic of Africa : Reflections on a Western Commonplace." *African Studies Review* 41, no. 3 (December 1998) : 193~209.

Petraitis, Richard. "The Witch Killers of Africa." *The Secular Web*, 2003. Accessed May 4, 2018. https://infidels.org/library/modern/richard_petraitis/witch_killers.html.

Pirela, Miguel Perez. "Asesinan a supuestas brujas en Tanzania por 'impotencia sexual.'" *Telesur*, October 17, 2014. Accessed May 8, 2018. https://www.telesurtv.net/news/Asesinan-a-supuestas-brujas-en-Tanzania-por-provocarimpotencia-sexual-20141017-0013.html.

Radford, Jill, and Diana E.H. Russell, eds. *Femicide: The Politics of Woman Killing*. New York: Twayne Publishers, 1992. [다이애나 E. H. 러셀·질 래드퍼드 엮음, 『페미사이드: 여성혐오 살해의 모든 것』, 전경훈 옮김, 책세상, 2018.]

Rice, Nicole R., and Margaret Aziza Pappano. *The Civic Cycles: Artisan Drama and Identity in Premodern England*. Notre Dame, IN: University of Notre Dame Press, 2015.

Roberts, Dorothy. *Killing the Black Body: Race, Reproduction, and the Meaning of Liberty*. New York: Vintage Books, 2016 [1997].

Rowlands, Samuel. *Tis Merrie When Gossips Meete*. London: Iohn Deane, 1609.

Ruggiero, Guido. *Binding Passions: Tales of Magic, Marriage, and Power at the End of the Renaissance*. New York: Oxford University Press, 1993.

Russell, Diana E.H., and Candida Ellis. "Annihilation by Murder and by the Media: The Other Atlanta Femicides." In Radford and Russell, *Femicide*, 161~62. [다이애나 E. H. 러셀·캔디다 엘리스, 「살인과 미디어에 의한 소멸: 잊힌 애틀랜타 페미사이드」, 『페미사이드』, 312~314쪽.]

Russell, Diana E.H., and Nicole Van de Ven, eds. *Crimes against Women: Proceedings of the International Tribunal*. 3rd ed. Berkeley: Russell Publications, 1990 [1976].

Segato, Rita Laura. *La escritura en el cuerpo de las mujeres asesinadas en Ciudad Juárez: territorio, soberanía y crímenes de segundo estado*. Mexico City: Universidad del Claustro de Sor Juana, 2006.

_____. *Las nuevas formas de la guerra y el cuerpo de las mujeres*. Puebla: Pez en el Árbol, 2014.

Shepard, Alexandra. "Poverty, Labour and the Language of Social Description in Early Modern England." *Past Present* 201, no. 1 (November 2008): 51~95.

Soumya, Savvy. "Film on Witches Casts a Spell — Documentary Features in the Nomination List of Magnolia Award." *Telegraph*, May 12, 2005. Accessed June 13, 2018. https://www.telegraphindia.com/1050512/asp/jharkhand/story_4722935.asp.

Sublette, Ned, and Constance Sublette. *The American Slave Coast: The History of the Slave-Breeding Industry*. Chicago: Lawrence Hill Books, 2016.

Thomas, Keith. *Religion and the Decline of Magic*. New York: Charles Scribner's Sons, 1971. [키스 토마스, 『종교와 마술, 그리고 마술의 쇠퇴』 1~3, 이종흡 옮김, 나남출판, 2014.]

Turshen, Meredeth. "The Political Economy of Rape: An Analysis of Systematic

Rape and Sexual Abuse of Women During Armed Conflict in Africa." In Moser and Clark, *Victims, Perpetrators or Actors?*, 55~68.

Turshen, Meredeth, and Clotilde Twagiramariya, eds. *What Do Women Do in Wartime? Gender and Conflict in Africa*. London : Zed Books, 1998.

Ulekleiv, Line, ed. *Steileneset Memorial : To the Victims of the Finnmark Witchcraft Trials*. Oslo : Forlaget Press, 2011.

Underdown, D.E. "The Taming of the Scold : The Enforcement of Patriarchal Authority in Early Modern England." In Fletcher and Stevenson, *Order and Disorder in Early Modern England*, 116~36.

Van Binsbergen, Wim. "Witchcraft in Modern Africa as Virtualized Boundary Condition of the Kinship Order." In Bond and Ciekawy, *Witchcraft Dialogues*, 212~62.

Vine, Jeremy. "Congo Witch-Hunt's Child Victims." *BBC Online*, December 22, 1999. Accessed May 7, 2018. http://news.bbc.co.uk/2/hi/africa/575178.stm.

"Violencia contra las Mujeres : una herida abierta en Oaxaca : 371 feminicidios ¿dónde está la justicia? 2004~2011." *Recuento ciudadano*, November 2011. Accessed June 9, 2018. https://issuu.com/consorciooaxaca/docs/herida-abierta-informe-oaxaca.

Wanyeki, L. Muthoni, ed. *Women and Land in Africa : Culture, Religion and Realizing Women's Rights*. London : Zed Books, 2003.

White, Luise. *Speaking with Vampires : Rumor and History in Colonial Africa*. Berkeley : University of California Press, 2000.

Wiesner, Merry. "Women's Response to the Reformation." In *The German People and the Reformation*, edited by R. Po-Chia Hsia, 148~72. Ithaca, NY : Cornell University Press, 1988.

" 'Witches' Burnt to Death in Kenya," *BBC News*, May 21, 2008. Accessed June 2018. http://news.bbc.co.uk/2/hi/africa/7413268.stm.

World Bank. *World Development Report 2008 : Agriculture for Development*. Washington, DC : International Bank for Reconstruction and Development/ World Bank, 2007. Accessed May 9, 2018. https://siteresources.worldbank.org/ INTWDR2008/Resources/WDR_00_book.pdf.

Wright, Louis B. *Middle-Class Culture in Elizabethan England*. Ithaca, NY : Cornell University Press, 1965 [1935].

Wright, Thomas. *A History of Domestic Manners and Sentiments in England during the Middle Ages*. London : Chapman and Hall, 1862.

부록 : 실비아 페데리치의 삶과 실천

1942년 이탈리아 북부의 파르마시에서 태어났다. 2차 세계대전 중에 어린 시절을 보냈다.[1] 페데리치는 전쟁에 대한 직접적인 기억은 없지만 그 여파는 "나의 정치적 관점을 형성하는 데 깊은 영향을 미쳤다"고 밝힌다. 이미 전쟁이 끝난 후였으나 파시즘적이고 가부장적인 문화는 계속 유지되었고, 여자들이 할 수 있는 것과 해서는 안 되는 것을 규율하는 당시의 도덕률에 반발하면서 페데리치는 미국의 시민권 운동, 알제리에서의 반식민 투쟁, 중국 마오쩌둥의 공산주의 정책들에 깊은 관심을 가졌다. 그녀는 15세에 이르러 스스로를 "어느 정도는 혁명가"라고 생각하게 되었다고 한다.[2]

1967년 미국 버팔로 대학에서 철학을 공부하면서 막 시작되고 있었던 미국 페미니즘 운동과 만났다. "공산주의 마을에서 자랐기 때문에 사회주의의 언어가 익숙"했던 페

1. 부록의 내용은 실비아 페데리치의 안내에 따라, 본인이 직접 수정 중인 영문 위키피디아를 주로 참조하여 작성하였다. https://en.wikipedia.org/wiki/Silvia_Federici

2. Alana Moraes and Maria A.C. Brant, "SILVIA FEDERICI : 'OUR STRUGGLE WILL NOT SUCCEED UNLESS WE REBUILD SO-CIETY' : An interview with Silvia Federici", *International Journal on Human Rights*, issue 24, December 2016, 2023년 2월 23일 접속, https://sur.conectas.org/en/silvia-federici/.

데리치는 가사노동을 사랑의 노동이나 개인적인 서비스가 아니라 재생산노동으로 분명히 위치시키는 마리아로사 달라 코스따, 셀마 제임스의 작업을 읽으면서 "어린 시절 어머니의 노동을 보면서 가졌던 생각들과 나의 계급투쟁 관점, 반자본주의 관점"이 연결되는 것을 느꼈다.[3] 페데리치는 맑스주의 페미니즘 이론, 여성사, 정치철학, 공통장의 역사와 이론에서 선도적인 페미니스트 이론가 중 한 명으로 간주된다. 마리아로사 달라 코스따, 셀마 제임스, 마리아 미즈, 반다나 시바 같은 페미니스트 저술가들과 함께 "재생산" 개념을 지역적이고 지구적인 맥락에서 착취와 지배의 계급관계를 이해하는 열쇠로 발전시켰다. 그리고 이를 자율성과 공통장의 여러 형태들에 핵심적인 개념으로 진전시키는 데 중요한 역할을 해왔다. 페데리치는 1972년에 마리아로사 달라 코스따, 셀마 제임스와 함께 〈국제 페미니스트 콜렉티브〉를 창립하여 '가사노동 임금 캠페인'을 출범시켰고, 1973년에 미국에서 '가사노동 임금 캠페인'을 개시하는 활동을 했다. 가사노동 임금 캠페인과 관련하여 가장 잘 알려진 소책자인 『가사노동에 대항하는 임금』[4]을

---

3. 같은 글.
4. 이 팸플릿은 『혁명의 영점』(갈무리, 2013)에 수록되어 있다.

1975년에 출간했다.

1980년대 초반에는 수년간 나이지리아 포트하커트 대학에서 연구 및 강의 활동을 했다.[5] 1990년에는 미국 정치철학자 조지 카펜치스와 함께 〈아프리카 학문의 자유위원회〉Committee for Academic Freedom in Africa, CAFA를 공동 창립했다. 당시 아프리카에 부과된 경제와 교육체제 구조조정 프로그램에 맞서는 아프리카의 학생과 교사의 투쟁을 지지하는 조직이었다. 1991년에 첫 번째 뉴스레터가 발행되었고, 오세이나 알리두, 알라민 마즈루이, 앤드루 내쉬, 나이절 깁슨이 함께했다. 페데리치와 카펜치스 이외에 초창기에 이 활동을 지지했던 후원자들sponsors로는 해리 클리버, 피터 라인보우, 낸시 머레이, 마커스 레디커, 가야트리 스피박, 임마누엘 월러스틴 등이 있다.[6] 또 페데리치는 〈아프리카 연구자 협회〉Academic Association of Africa Scholars, ACAS의 회원으로서 아프리카 대륙과 미국 전역의 학생운동을

---

5. "듀크 대학 출판사의 'Nigerian Writings (Fragments)' 소개 페이지", 2023년 2월 23일 접속, https://read.dukeupress.edu/differences/article-abstract/31/3/117/168896/Nigerian-Writings-Fragments.

6. "Committee for Academic Freedom in Africa", 〈위키피디아〉, 2023년 2월 23일 접속, https://en.wikipedia.org/wiki/Committee_for_Academic_Freedom_in_Africa

지지하는 목소리를 내왔다.

1987년부터 페데리치는 뉴욕주의 호프스트라 대학에서 국제관계 연구, 여성학, 정치철학을 강의했다. 1995년 여름에는 〈블랙팬서당〉의 활동가인 무미아 아부-자말의 석방을 요구하는 캠페인에 참여하면서 〈급진 철학 협회〉Radical Philosophy Association에서 동료 조지 카펜치스, 에버릿 그린과 함께 '사형제 반대 프로젝트'를 구성하였다.[7]

페데리치는 1979년부터 2003년까지 〈미드나잇 노츠 콜렉티브〉의 회원이었다. 1975년부터 1977년까지 발행된 이탈리아-미국 기반 저널 『제로워크』의 내부 분열로부터 생겨난 그룹인 〈미드나잇 노츠 콜렉티브〉는 노동거부, 에너지, 가격, 국제계급투쟁 등의 주제를 토론했으며, 초기에는 미국의 반핵운동에 참여하면서 그에 대한 분석을 진행했다.[8] 실비아 페데리치는 이들이 발행한 저널 『미드나잇 노츠』에 「나이지리아의 발전과 저발전」Development and

---

7. "A.D.P.P.", 2023년 2월 23일 접속, https://www.ocf.berkeley.edu/~marto/adpp/program.htm.
8. 다음 링크를 참조했다. https://www.memoryoftheworld.org/blog/2015/05/27/repertorium_midnight_notes_digitized/ 〈미드나잇 노츠 콜렉티브〉가 발행한 자료들은 다음 링크에서 볼 수 있다. http://www.midnight-notes.org/mnpublic.html

Underdevelopment in Nigeria, 「부채 위기와 아프리카, 그리고 새로운 인클로저」The Debt Crisis, Africa and the New Enclosures 등의 글을 기고했다.

페데리치는 지난 수십 년 동안 전 세계의 페미니스트 조직들과 협업해 왔다. 〈나이지리아 여성〉Women in Nigeria, WIN, 아르헨티나 페미니스트 단체 〈니 우나 메노스〉Ni Una Menos, 그리고 뉴욕에서의 폭력에 관한 페미니스트 연구 활동들과 함께해 왔다. 2016년부터는 스페인의 페미니스트 단체들과 근대 유럽에서 마녀로 박해받았던 여성들의 역사를 재구성하고 전 세계에서 벌어지는 현대 마녀사냥에 대한 의식을 고양하기 위한 프로젝트를 조직하고 있다.[9]

2022년 2월 러시아의 우크라이나 침공 이후 러시아 페미니스트들이 결성한 〈페미니스트 반전 저항〉Feminist Anti-War Resistance과 연대하기 위해 2022년 3월에 151명의 국제 페미니스트들과 함께 「전쟁에 반대하는 페미니스트 저항 선언」에 서명했다.[10]

---

9. 이 책의 「한국어판 지은이 서문」을 참조하라.

10. Feminists Against War, "Feminist Resistance Against War : A Manifesto", SPECTRE, 2022년 3월 17일 수정, 2023년 2월 23일 접속, http://spectrejournal.com/feminist-resistance-against-war/.

2019년 3월 스페인 나바레 자치 지역의 수도 이루냐(팜플로나)에서 열린 '마녀사냥의 역사에 대한 제1차 국제 페미니스트 회합'에서 강연하는 실비아 페데리치. (출처:https://bit.ly/3EDHGXA)

수십 년간 연구와 정치활동을 병행하면서 철학과 여성주의 이론, 여성사, 교육, 문화, 국제정치에 대해 수많은 글을 발표했고, 자본주의 세계화에 저항하고, 공통장을 여성주의적으로 재구축하기 위한 전 세계의 투쟁에 대해 썼다. 또 페데리치는 라틴아메리카, 아프리카, 유럽의 여성운동과 폭넓게 협업하면서 수많은 인터뷰, 강연, 워크숍들을 진행해 왔다.

:: 실비아 페데리치의 주요 저작 목록

저서·공동저서

1975

Wages Against Housework. Bristol : Power of Women Collective와 Falling Wall Press 공동출판.

1984

(Leopoldina Fortunati와 공저) *Il Grande Calibano : Storia del corpo sociale ribelle nella prima fase del capitale*. Milan : Franco Angeli.

2004

Caliban and the Witch : Women, the Body and Primitive Accumulation. Brooklyn, NY : Autonomedia. ; 한국어판 : 『캘리번과 마녀 : 여성, 신체, 그리고 시초축적』, 황성원 · 김민철 옮김, 갈무리, 2011.
실비아 페데리치의 대표작. 전 세계 20개 이상의 언어로 번역되었다. 마녀사냥을 자본, 국가, 권력이 여성의 신체에 대해 벌인 전쟁으로 분석하였고, 여성을 중심에 둔 최초의 자본주의 역사서로서 자본주의의 역사를 재구성하여 여성의 종속화, 노예무역, 아메리카 식민지화 사이의 연속성을 강조했다. 페데리치의 분석은 종종 칼 맑스와 미셸 푸코의 '시초축적'에 대한 설명과 비견되면서 맑스주의 및 페미니스트 이론의 핵심 문헌으로 자리 잡았다.

2012

Revolution at Point Zero : Housework, Reproduction, and Feminist Struggle, Brooklyn/Oakland : Common Notions/PM Press. ; 한국어판 : 『혁명의 영점 : 가사노동, 재생산, 여성주의 투쟁』, 황성원 옮김, 갈무리, 2013.
페미니스트 투사이자 이론가로서의 페데리치의 40여 년의 저작 활동을 집대성한 책. 노동의 성별분업, 돌봄노동과 성노동의 지구화, 정동노동의 부상, 공통장의 정치 같은 주제들을 고찰한다.

2018

Re-enchanting the World : Feminism and the Politics of the Commons. Oakland, CA : Kairos/PM Press.

페미니스트 관점에서 쓴 공통장의 역사와 공통장 정치에 대한 비평을 제공한다.

Witches, Witch-Hunting, and Women. Oakland, CA : PM Press. ; 한국어판 : 『우리는 당신들의 불태우지 못한 마녀의 후손들이다』, 신지영·김정연·김예나·문현 옮김, 갈무리, 2023.
자본주의 태동기의 마녀사냥과 현대의 마녀사냥이 모두 자본 축적의 구조적 요소라는 점을 강조한다.

2020

Beyond the periphery of the skin : Rethinking, Remaking, Reclaiming the Body in Contemporary Capitalism. Oakland, CA : PM Press.
우리 시대의 사회정치적 활동에서 신체가 갖는 의미를 고찰한다.

2021

Patriarchy of The Wage : Notes on Marx, Gender, and Feminism. Oakland, CA : PM Press.
맑스의 작업에 대한 페미니스트 재독해를 보여준다.

편저서·공동편저서

1995

Enduring Western Civilization : The Construction of the Concept of Western Civilization and Its "Others". Westport, CT, and London : Praeger.

2000

A Thousand Flowers: Structural Adjustment and the Struggle for Education in Africa. Africa World Press.

African Visions: Literary Images, Political Change, and Social Struggle in Contemporary Africa. Westport, CT, and London: Praeger.

2017

Wages for Housework: The New York Committee 1972-1977: History, Theory, Documents, Brooklyn, NY: Autonomedia.
알렌 오스틴과 함께 편집한 이 책에는 페데리치가 공동 설립한 뉴욕시 '가사노동 임금 위원회'의 자료, 팸플릿, 에세이, 노래, 연설문 등이 수록되어 있다.

마녀사냥, 공동체 파괴에 저항하며

입에 재갈이 채워진 존재들이 전해준 마법

부활하는 마녀사냥, 그 발생 조건과 파급력

'마녀'라는 말을 들으면 빗자루를 타고 날아다니며 주문을 외우는 음산하고 매부리코를 한 나이 든 '여성'을 상상하게 된다. 그러나 페데리치는 과연 어떤 조건에서, 고통을 호소하는 여성들이 마녀로 몰리고 그들의 절실한 외침이 조롱 섞인 부정적 이미지로 왜곡되어 버리는가를 질문한다. 이 질문은 마녀사냥의 대상이 역사적으로 어떻게 변해 왔으며 현재 어떤 존재가 마녀사냥의 표적이 되고 있는가를 구체적으로 직시하게 한다.

페데리치는 이 책에서 여성이, 특히 나이 든 여성이 마녀사냥의 주된 박해의 대상이 되어 왔고 여전히 그러함을 절실함을 담아 폭로한다. 그러나 페데리치가 말했듯이 마녀사냥은 대서양 노예무역 및 신세계 토착민의 박멸과 마찬가지로 자본주의의 부상을 가능케 한 사회적 과정의 일부였다. 이것은 모두 자본주의가 노동계급 및 마이너리티 내부에 분열을 만들어내는 방식이었다. 이러한 페데리치의 넓은 시야는 우리가 이 책을 통해 다른 마이너리티 존재들과 만날 수 있도록 접점을 확대한다. 페데리치의 저서 『캘리번과 마녀』를 비롯한 글들을 읽어보면 마녀＝여성이라는 공식을 넘어 다양한 마이너리티의 투쟁과 접속될 여지가 충분한 것이다. 특히 이 책『우리는 당신들이 불태우지 못한 마녀의 후손들이다』는 여성에게 가해지는 현재의 마녀사냥에 초점을 맞추면서도, 다양한 위치성을 지닌 마이너리티들에게도 마녀사냥이 일어나고 있음을 날카롭게 드러낸다.

페데리치에 따르면 마녀사냥은 한 번 일어나고 사라지는 역사 속 '전근대적 현상'이 아니라, 자본주의 형태가 변화하는 순간마다 새로이 평가절하되는 존재들에 대한 박해의 '현재'다. 여성, 자연, 동물, 난민·이주민, 장애인, 빈곤층 등 자본에 의해 착취당하고 삶을 전유당하는 모든 존재에 대한 혐오와 박해 말이다. 특히 고도화하는 자본주의의 이윤 추구에 반하여 공동체의 가치를 유지하려고 하는 존재들에게는 국가가 허락한 공공·안전·발전의 이름을 빌려 참혹한 혐오와 배제, 폭력이 정당화된다.

한국에서도 마녀사냥은 진행 중이다. 현재 한국에서의 '마녀사냥'의 발생 원인과 작동 방식을 보여주는 것은 장애인권리예산 입법 및 이동권 확보를 위해 지하철 탑승 투쟁을 하는 〈전국장애인차별철폐연대〉(이하 '전장연')에 대한 온갖 혐오와 비방이다. 전장연의 지하철 탑승 투쟁은 지역사회에서 살아가기 위한 당연한 권리이자 장애인들의 교육권·노동권·건강권과 직결되는 기본권에 대한 요구다. 그럼에도 불구하고 주류 미디어 및 정치권은 전장연이 시민들을 볼모로 잡고 무리한 요구를 하는 폭력적인 단체인 것처럼 호도한다. 그러나 살아가기 위한 기본적 권리로부터 장애인을 '승차 거부'해 온 상황은 22년 전과 변함없이 지속되고 있으며, 장애인들의 고통도 가중되고 있다.

2023년 1월 20일 아침 8시 오이도역. 이날 사람들은,

22년 전 바로 이곳에서 지하철 장애인용 리프트의 철심이 끊어져 7미터 아래로 추락하여 사망한 박소엽 님과 중상을 입은 고재영 님을 기억하고, 22년이 지난 지금에도 지하철 장애인용 리프트도 장애인권리예산도 주어지지 않는 상황을 규탄하기 위해 모였다. 이날에는 오이도역뿐 아니라 용산역, 서울역에서 동시다발적으로 시위를 벌이고 2시부터 삼각지역에 모두 집결하기로 되어 있었다. 그런데 오이도역에는 겨우 2~30명 정도의 인원을 저지하기 위해 오전 7시 30분부터 350에서 400여 명의 경찰이 역 주변과 승강장에 쫙 깔리기 시작했다. 시위대는 22년 전 장애인 리프트 추락 사고를 추모하고 장애인 이동권과 복지예산의 필요성을 어필한 뒤 조용히 삼각지역을 향해 가겠다고 했음에도 경찰과 동원된 코레일 직원들이 '승차 거부'를 하며 지하철 역사 바깥으로 퇴거하라고 확성기에 대고 말했다. 지하철 이외의 교통수단이 없는 장애인을 포함한 여러 사람들은 오도가도 못하고 서너 시간 동안 오이도역에 멈춰 있어야 했다.

하필 오이도역은 야외 승강장이었다. 한 대, 두 대, 세 대… 지하철 문이 열려도 승차 거부를 당하는 시간이 길어짐에 따라 추위로 몸은 점차 뻣뻣하게 굳어갔다. 장애인들은 이보다 더 추운 날에도 더 더운 날에도, 눈앞에서 닫히는 권리, 자신을 배제하고 떠나버리는 권리를 무수히 경험했을 것이다. 그 부당함에 항변하려고 하면 무시와 혐오의 말들이 비수처럼 날아와 꽂혔을 것이다. 장애인 중에는 발달장애인, 정신장애인, 장애여성 등 더욱더 자신의 존재를 드러내며 싸울 수조차 없는 상태로, 고통을 몸으로만, 속으로만 쌓아오고 있는 존재도 있을 것이다. 지하철이 한 대씩 떠나갈 때마다 그 서럽고 고통스럽고 입을 열 수조차 없는 시간들이 추체험되듯이 밀려왔다.

같은 날 오후부터 기사들이 보도되기 시작했고 전장연에 대한 노골적인 마녀사냥이 개시되었다. 전장연의 지하철 시위 때문에 귀성길 열차를 놓칠까 걱정이라는 이야기, 전장연을 폭력 시위 단체로 몰아가는 혐오, 시민을 볼모로 장애인의 권리만을 주장하는 것은 '장애 특권'이라는 비난, 이동권과 출근권을 대립시키며 장애인과 비장애인을 이간질하는 내용 등이 실렸다. 그러나 시민을 볼모로 잡고 있는 것은 전장연이 아니라 22년간 변함없이 장애인의 삶을 방치해 온 서울시와 정부일 것이다. 전장연의 지하철 행동에 대한 몇몇 보도나 댓글은 장애인과 비장애인을 마치 적대관계인 것처럼 묘사하거나 장애인 혐오 발언을 담고 있어서, 전장연과 한국사회의 연결을 약화시키는 마녀사냥의 전형성을 보여주고 있었다.

이때 〈차별금지법제정연대〉, 〈성적권리와 재생산정의를 위한 센터 셰어SHARE〉 등이 성명을 발표하고, 여성, 난민·이주, 평화 활동단체들이 응원과 지지를 보냈다. 특히 〈셰어〉의 성명서는 정부·서울시·서울교통공사가 전장연의 요구에 "폭력이 아닌 권리 보장으로 응답할 것"을 요구했다. 1월 20일에 서울 시내 세 군데 역에서 동시다발적으로 열린 지하철 탑승 투쟁에 함께한 난민·이주 단체, 여성 단체를 비롯한 많은 존재들의 발언은 소중하다. 이 성명문, 발언, 발걸음들은 공동체를 분열시키는 '마녀사냥'에 저항하는, 아직 "불태우지 못한 모든 마녀의 후손들" 사이의 마법과 같은 연결을 보여주기 때문이다.

『캘리번과 마녀』의 대중적인 소책자이자 미래를 향한 요청 페데리치가 「서문」에서 밝히고 있듯이 이 책은 『캘리번과 마녀』에서 전개한 주제들을 재고찰하면서 보다 다양한 독자들이 접할 수 있는 "대중적인 소책자"로 기획되었다. 마녀사냥의 역사적 전개를 자본주의의 변화와 함께 추적하면서, 지금 현재 새롭게 전개되는 마녀사냥의 양상과 접합시키는 일종의 징검다리와 같은 책이다.

한편, 페데리치는 이 책을 통해 마녀사냥의 정치·경제적 발생 원인을 보다 깊이 짚어보고 싶었다고 개인적 포부를 밝히고 있는데, 대규모 여성살해인 마녀사냥이 명확한 문제의식 없이 전통문화 속으로 수용되거나 통제 불가능한 여성의 역능에 대한 자본주의의 공포가 마녀사냥의 근저에 있음을 밝히면서 섹슈얼리티를 재생산과 출산으로 제한하고 통제하는 권력을 폭로한다. 또 여성들 사이의 우정과 연대를 상징했던 '가십'을 변질시켜 여성의 사회적 지위가 격하되는 역사적 과정을 밝혀준다.

또한 현재 라틴아메리카, 인도, 아프리카 등지에서 급증하고 있는 마녀사냥의 양상을 라틴아메리카 출신 페미니스트와 활동가 들의 최근 문헌에 기반하여 살펴보고, 자본주의 발전이 여성의 삶과 공동체적 관계를 어떻게 파괴·통제하고 있는가를 폭로하면서 이에 대항하여 펼쳐지고 있는 투쟁들을 보여준다. 특히 1990년대 이후 인도 및 아프리카에서 급증한 마녀사냥의 실태를 전하면서, 이러한 문제에 침묵하는 일부 페미니즘에 대한 비판과 함께 앞으로 어떠한 개입이 필요한가를 논하는 실천적 제안을 담고 있다.

이 모든 장을 통과하면서 독자들은 페데리치가 집요하게 물고 늘어지는 두 논점을 화인火印처럼 새기게 된다. 하나는 마녀사냥과 토지 인클로저(사유화)가 현재까지 무한히 반복되고 있다는 것이다. 다른 하나는 그 인클로저의 양상이 현재 여성 신체라는 새로운 프런티어를 향해 육박해 오고 있으며, 이 프런티어의 착취 및 전유를 위해 여성의 섹슈얼리티와 공동체적 관계에 대한 통제·관리가 마녀사냥을 활용하여 심화되고 있다는 점이다. 이 두 논점을 연결해 따라가다 보면 자본주의에 의해 무가치하다고 여겨지고, 평가절하되고, 생산성이 없다고 간주되는 모든 존재들(비인간 존재를 포함하여)이 여러 방향에서 격렬하게 전개하고 있는 싸움과 마주하게 된다. 그리고 이 책은 이 존재들의 투쟁에 힘을 실어줄 수 있는 다음과 같은 질문들을 던진다.

왜 마녀사냥은 폭력과 범죄로 인정되지 않는가?

마녀사냥은 명백한 범죄이자 폭력이다. 그럼에도 폭력이 아니라 관습으로 여겨지거나 비범죄화되고 자본과 국가는 이를 조장하고 묵인하며 심지어 가해자를 보호한다. 이러한 예들은 끊임없이 열거할 수 있다.

핵가족 속에서 폭력은 늘 행간의 가능성으로 존재해왔지만 남성의 가정폭력은 범죄로 인정되기 어렵다. 여성들은 불불노동인 가사노동·재생산노동·감정노동을 이제 '가정 안'에서가 아니라 '거리'에서 싼 임금을 받으면서 수행한다. 가정주부는 노점상이 되고 이주 노동자가 되고 성 노동자가 되어 가정의 밖에서 강간, 피살, 신체 유기, 인신매매에 노출된다.

이 다양한 형태의 여성에 대한 폭력은 범죄임이 분명함에도 왜 처벌받지 않을까? 페데리치는 "마녀라고 고발당한 사람들—여전히 주로 여성들인데—을 지역사회를 파괴하는 데 혼신을 다하는 괴물로 둔갑시켜 동정하거나 연대할 가치가 없는 사람들로 만들기 때문에, 마술 고발이 야말로 궁극의 소외와 배제의 메커니즘"이라고 말한다(이 책 161쪽 참조).

마녀사냥의 표적은 특정 '정체성'인가 '공동체적 관계' 인가

페데리치가 책에서 드는 사례들은 '여성'인 경우가 많지만, 그렇다고 마녀사냥이 여성만을 표적으로 했던 것은 아니다. 마녀 고발의 대상은 나이 든 남성, 교회와 정부 바깥에 있는 존재들로 여겨진 성소수자와 저항자, 빈민, 동물, 자연 등 인클로저의 대상에 따라 변화한다. '여성'이라고 할 때도, 나이 든 여성, 빈곤 여성, 유색인종 여성, 원주민 여성 등을 향한다. 2010년에서 2016년 사이에 111명의 트렌스젠더와 젠더비순응 정체성을 지닌 존재들이 살해되었고 그중 대다수는 흑인 트랜스 여성이었다.

페데리치는 『캘리번과 마녀』에서도 '여성'을 일종의 구성물로 파악한다. 즉 자본주의 사회에서 "소위 '여성성'이 생물학적 숙명이라는 표제하에서 노동력의 생산을 은폐하는 노동기능으로 구성되어 왔다면, '여성의 역사'는 '계급의 역사' ''이며, 이단의 형상이 "여성뿐 아니라 동물, 장애, 악마 등으로 표시"된다는 것을 지적한 바 있다.[1] 더구나 폭력은 물리적 폭력으로만 한정되지 않으며, 복지 및 사회서비스 삭감으로 인해 심화된 빈곤, 비인도적 노동조건, 의료보장의 부족, 임신중지 접근권의 부정, 여아 선별 임신중지, 인구조절이라는 이름의 강제불임, 대출상환이 불가능한 마이크로크레딧, 일상화된 군사화 등을 포괄한다(이 책 108~109쪽 참조).

페데리치는 이처럼 전 지구적으로 편재하는 폭력에 대항하기 위해서는 위로부터 주어지는 대책이 아니라, 여성들이 자기 손으로 만드는 전략이 필요하다고 강조하면서, 밤길 되찾기 시위, 인도 여성들의 지참금 살인에 대한 반대 시위 등의 예를 든다. 그러나 이조차도 "여성이 자원을 확보하여 남성으로부터 독립적으로 살아갈 수 있을 때에만, 그래서 여성이 위험하고 착취적인 노동조건과 가족관계를 강제로 받아들이지 않아도 생존할 수 있을 때에만

---

1. 실비아 페데리치, 『캘리번과 마녀』, 35쪽.

가능한 일"이라고 이야기한다(이 책 111~112쪽 참조). 마녀 고발의 배경에는 자본주의 시초축적을 위해 반복적으로 부활하는 인클로저가 있고 그것이 여성의 자립적이고 공동체적인 삶의 기반을 파괴해 왔기 때문이다.

페데리치는 인클로저의 의미는 단지 토지에서 사람들을 쫓아내고 울타리를 치는 것 이상의 의미를 지닌다고 설명한다. "지식과 앎, 우리의 신체, 우리가 타인 및 자연과 맺는 관계의 인클로저"의 전개를 비판적으로 살펴보고, 더 나아가 마녀 고발이 인간과 동물의 관계를 어떻게 바꾸어 놓았는가도 물어야 한다고 말한다.

이처럼 마녀 고발이란 특정 정체성을 겨냥한 것이라기보다 자본주의의 새로운 이윤추구에 방해가 되는 공동체적 관계를 파괴하기 위한 혐오와 배제의 폭력적 수행이었다. 바로 이러한 점에서 페데리치는 '여성'이 놓여 있는 구체적인 삶의 조건들에 초점을 맞춰 마녀사냥이 주로 '여성'에게 가해졌음을 이야기하면서도, 자연화하고 무가치하다고 여겨져 온 다른 존재들에 대한 마녀 고발을 함께 시야에 넣고 있다. 이런 관점은 생물학적 '여성'이라는 정체성을 벗어나, 마녀사냥을 다중 쟁점 정치의 관점에서 비판할

수 있도록 한다.[2]

마녀사냥은 왜 그렇게까지 잔혹하고 폭력적인 방법으로 행해질까?

자본이 세계자원과 인간노동에 대한 압도적 통제권을 누리면서 이들 지역을 재식민화하기 위해서는, "공동체의 재생산을 직접적으로 책임지고 있는 여성을 공격"하지 않고서는 불가능하다. 이 때문에 여성에 대한 폭력은 천연자원이 풍부하고 벤처기업의 거점이 되고 반식민지적 투쟁이 가장 강력하게 전개된 지역에서 극심해졌다.

그런데 그 양상은 왜 그렇게까지 잔혹하고 폭력적일까? 세계은행, 유엔과 같은 국제기구의 요구가 받아들여질 수 있는 신식민지적 조건을 조성하기 위해서이다. 국제기구 사무국은 일종의 개발계획을 국가와 기업에 제시하는데, 페데리치에 따르면 이 계획서는 곧 이 지역에 대한 '폭력의 사용설명서'라고 말한다. 국가와 기업이 국제기구

2. 일라이 클레어, 『망명과 자긍심』, 전혜은·제이 옮김, 현실문화, 2020, 35쪽.

에게는 최대한의 면책 권한을 보장해 주는 반면, 공동체적 관계를 유지하려는 '여성'들에게는 마녀라는 낙인을 뒤집어씌움으로써, 실제로 범죄를 저지른 자가 재판에 회부되지 않게 해주는 것이다.

페데리치에 따르면 특히 라틴아메리카 같은 곳에서 여성들, 특히 농촌 여성이나 나이 든 여성이 너무 잔혹한 폭력의 대상이 되는 것은 그/녀들에게 자본주의를 넘어설 수 있는 공동체적 관계를 만들고 수호할 수 있는 통제불가능한 능력이 있다는 반증이기도 하다.

마녀사냥은 왜 페미니즘의 충분한 관심을 받지 못했는가?

페데리치는 페미니즘이 마녀사냥과 왜 연결되어야 하며 그 방법이 무엇인지를, 현재 인도 및 아프리카 등지에서 증폭되고 있는 마녀사냥을 예로 들면서 모색한다. 그리고 "페미니스트들이 가장 긴급하게 심판해야 하는 집단은 유엔이다"라고 단언한다(이 책 119쪽 참조). 유엔은 마녀 고발과 같은 끔찍한 권리 침해를 묵인하는 환경을 조성한 책임이 있는 국제기관 중 하나이기 때문이다.

동시에 페데리치는 페미니즘에 대하여 거는 기대만큼이나 날카로운 비판을 전개한다. 유엔이 마녀사냥을 묵인한 문제점이 있음에도 불구하고, 페미니스트들은 "유엔 여성 10주년"을 기념할 뿐 그 10년 동안 아프리카에서 화형당한 여성들의 절규를 듣지 않았으며, 그들이 말하는 '여성의 힘'이 얼마나 공허한 말인지 묻지 않았다는 것이다.

페데리치의 유엔 비판의 핵심에는, 여성혐오가 인종차별과 연관되어 있다는 인식이 있다. 미국에서는 1980년대부터 여성살해가 꾸준히 증가하여 매해 3천여 명에 달한다. 이 중에서도 유색인종 여성에 대한 살인은 빈번하게 일어나는데, 언론의 주목을 받지 못하고 사건 해결도 요원한 경우가 많다. 뉴욕에서 활동하는 백인 여성 연구자인 페데리치가 라틴아메리카, 인도, 아프리카의 마녀사냥에 주목하는 이유도, 마녀사냥이 지닌 인종주의적 특성에 대한 성찰에서 비롯된 것이리라. 유색인종 여성에 대한 폭력은, 코리안 아메리칸 여성으로 예술 활동을 전개하다가 본인의 저서인 『딕테』 출판 기념회를 며칠 앞두고 강간·살해당한 테레사 학경 차의 죽음을 상기시킨다. 테레사 학경 차를 강간하고 살해한 사건은, 미국에서 너무나도 빈번히 일어나는 '아시아 여성'에 대한 것이었기 때문에 제대로 보도되거나 초점화되지 못한 채 잊혔고, 이는 현재까지도 그러하다.[3]

여성혐오와 인종주의의 연관에 주목하면서 유엔으로 대표되는 서구 페미니즘을 비판하는 페데리치의 논점은, 일본군 '위안부' 문제에 대한 제국 페미니즘의 접근을 비판할 수 있는 근거를 제공해 준다. 즉 일본군 '위안부' 문제에 대한 식민주의 비판이 페미니즘적 관점을 약화시키고 민족주의를 강화시키는 것처럼 여기는 접근 말이다. 백인 페미니즘이 여성의 문제만 초점화하고 인종의 문제를 간과했듯이, 이러한 제국 페미니즘의 관점에서는 '여성'이 겪은 고통은 초점화할 수 있을지 몰라도 '식민지 여성'이 겪은 고통을 간과하게 된다. 때로 이러한 제국 페미니즘의 관점은 식민주의의 경험을 지닌 지역에서도 답습되는데, 여기에는 근대성에 대한 뿌리 깊은 동경이 있다.

한 예로 페데리치는 가나에서 3천 명이 마녀로 몰려

---

3. 캐시 박 홍, 『마이너 필링스』, 노시내 옮김, 마티, 2021에서 「예술가의 초상」 부분을 참조.

살해당하고, 케냐 남서 구시이(키이시) 지역에서 끊임없이 마녀 고발과 학살이 일어남에도 페미니스트들이 이 학살을 전혀 비난하지 않는다고 꼬집는다. 이 무관심의 원인은 일부 페미니스트들이 "마녀사냥을 비난하면 그것이 아프리카인은 후진적이고 비합리적인 진흙탕에 빠져 있다는 식민주의적 고정관념을 조장할 수 있다는 두려움을 갖고 있"기 때문이라고 말한다(123쪽). 그러나 페데리치가 보기에 이 두려움은 잘못된 판단이다. 아프리카의 마녀사냥은 전근대적 현상이 아니라, 현재 전 지구적으로 증가하고 있는 여성에 대한 폭력의 한 양상이기 때문이다.

페데리치가 아프리카의 마녀사냥을 전 지구적으로 증가하는 여성에 대한 폭력 속에 위치 지으면서 식민주의적 무의식을 비판하는 관점은, 일본군 '위안부' 문제에서 페미니즘과 식민주의 비판을 어떻게 연결시킬 것인가 하는 문제에 주는 시사점이 크다.

문제의 핵심은 고통과 울분을 살피는 것이다. 그때 고통과 울분을 야기한 구조적 조건들이 드러날 수 있다. 그러나 마녀사냥에 대한 비판적 접근이 페미니스트들이 아닌 인류학자나 언론인에 의해서만 이루어짐에 따라, 그들의 경험은 관찰자적 입장에서만 파악되며 탈정치화되었고, 그들의 고통과 울분은 초점화되지 못했다. 페데리치는 페미니스트들은 마녀사냥이 양산되는 사회적 조건을 분석하여 이 박해를 기록하고 종식시키는 활동을 하는 인권 운동가와 사회정의 단체들과 협력해야 한다고 강조한다. 그리고 여성 권력의 구축과 연대의 경험으로부터 시작된 비서구 활동들인 〈비아 깜뻬씨나〉, 브라질의 〈무토지 농민운동〉과 사빠띠스따 운동으로부터 배워야 한다고 말한다.

마녀사냥을 부추기는 위로부터의 미디어 선동에 어떻게 대항할 수 있을까?

페데리치는 마녀사냥을 부추기는 핵심 세력은 자본과 국가권력이라고 말한다. 자본주의는 시초 축적을 위해 자본을 강제로 몰수했던 평민[공통인](유랑민, 거지, 무토지 노동자)들을 경계하고 통제한다. 그런데 여성들은 공동체적 삶의 기반이 파괴된 데 분개하여, 멋대로 집집마다 돌아다니며 불만을 토로하고 수다를 떨어 평민[공통인]들에게 현실의 부당함을 알려 주는데, 권력자에게는 그 불만 섞인 수다만큼 무서운 것도 없다. 더구나 페데리치는 여성이 재생산 과정과 맺고 있는 특수한 관계는 통제 불가능한 것이기 때문에 자본과 권력의 공포를 유발한다고 말한다.

이에 자본과 국가권력에게는 여성의 신체와 자연·세계·타인을 묶는 연결망을 관리 통제하는 것이 급선무가 된다. 따라서 친밀한 여성 사이의 우정과 연대를 의미하는 말이었던 '가십'은, 점차 불화의 씨앗이나 한심한 말을 의미하는 것으로 왜곡되고, 여성적 공동체에 혐오와 비하가 퍼부어진다. 이러한 혐오를 부추기는 것은 권력자의 편에 선 미디어이다. 미디어는 연일 마녀에 대한 근거 없는 특징과 마녀 색출에 대한 잔혹한 방법을 방송하여 (성)폭력을 부추긴다.

〈포괄적 차별금지법〉 제정을 위한 〈차별금지법제정연대〉의 활동을 되새겨 보면, 2016년부터 혐오 대상의 주어 자리에는 여성, 난민, 성소수자 등이 차례로 놓였다. 이러한 여성 및 마이너리티에 대한 혐오적 지식생산에 대항해 어떤 새로운 공통의 지식을 만들어갈 수 있을까? 페데리치는 이렇게 말한다. "우리는 우리의 지식을 되찾는 중"이며, "마법이란 '우리가 안다는 것을 아는 것'"이라고 말이다. 자본과 국가권력이 미디어 선동을 통해 마이너리티들 사이를 이간질하는 지식을 생산하는 데 맞서서, 페미니스트 공동체가 오랜 세월 동안 축적해 온 또 하나의 앎, 이미 '우리' 안에 있는 이 앎을 긍정하는 마법이 필요하다.

채굴주의가 향하는 새로운 프런티어, '여성'의 신체

『우리는 당신들이 불태우지 못한 마녀의 후손들이다』는 마녀사냥에 저항하는 위의 질문들을 통과하여 채굴주의에 대한 비판으로 끝난다. 채굴주의란 세계 자본주의 시장에 내다 팔기 위해 제3세계의 천연자원을 고갈시킬 정도로 뽑아내는 행위에 그치지 않는다. 이것은 환경오염, 지형변화, 생태계의 파괴, 그리고 원주민 공동체의 파괴와 강제 이주를 낳는다. 채굴주의가 현재 새롭게 눈독을 들이고 있는 프런티어, 그것이 곧 '여성'의 신체라고 페데리치는 이야기한다. '여성'의 신체는 "자본이 아직 정복하지 못한 유일한 최후의 프런티어frontier"이기 때문이다(이 책 164쪽 참조).

채굴주의의 새로운 프런티어로서의 '여성의 신체'라는 화두는 한편으로는 『혁명의 영점』에서 언급된 재생산노동의 이중적 성격을 상기시킨다. 페데리치는 어린 시절 어머니의 노동을 보면서 "막대한 양의 유급가사노동 및 불불가사노동이 세상을 돌아가게 하는 힘"임을 어렴풋이 알았고, 페미니스트가 된 후에는 "어머니가 투쟁하고 있었음"을 알게 되었다고 말한다.[4] 어머니가 투쟁한다는 말의 의미는, 신비화되고 소외된 불불노동의 대가를 요구하는 것과는 그 방향성이 다르다. 오히려 모든 공동체적 역량—서로를 돌보는 따뜻함과 신뢰 같은 것들—을 자본으로 가치화할 수 없다는 점에서 볼 때, 한사코 자신의 가사노동을 가치화하길 거부했던 어머니의 투쟁은 "혁명적 실천을 위한 영점"이 될 수 있다는 것이다.[5]

특히 〈마감 마녀들〉의 번역 기간은 팬데믹 기간과 겹쳐 있었다. 2년간의 팬데믹 상황은 비인간 존재 및 기후위기에 대한 관심을 촉구했다. 그리고 페데리치가 새로운 채굴주의의 대상으로 초점화한 '여성의 신체'라는 장소에 대

---

4. 실비아 페데리치, 『혁명의 영점』, 황성원 옮김, 갈무리, 2013, 15~16쪽.
5. 같은 책, 17쪽.

한 성찰은 온갖 비인간 동물이 착취당하는 장소들—공장식 축산, 도살장, 수산물 시장, 살처분 현장—로 향하게 했다. 자본과 국가에 의한 공동체의 파괴가 '여성'과 비인간 동물의 관계를 어떻게 변화시켰는지, 더 나아가 여성의 신체와 비인간 동물의 신체가, 새로운 인클로저와 마녀사냥 속에서 어떻게 연속되어 있는가를 보는 것은, 번역 과정이 팬데믹 상황과 만나는 지점에서 품게 된 미래를 향한 앎이다.

마감 마녀의 시간 속 또 다른 마녀들에게

2020년 초에는 #Metoo 운동의 확산과 함께 성폭력 피해자들이 온갖 혐오에 시달리는 현상이 함께 일어나고 있었다. 특히 갈무리 출판사와 〈다중지성의 정원〉은 당시 첨예하게 진행 중이었던 장자연 사건 증인인 윤지오에 대한 마녀사냥을 비판하는 공통장 및 출판 투쟁을 벌이고 있었다.[6]

6. 김정연, 「2021년 8월호 : 마법으로서의 출판」, 『출판문화』, 2021년 8월 10일 입력, 2023년 2월 8일 접속, https://m.post.naver.com/viewer/postView.na

장자연은 2009년 3월 7일, "저는 나약하고 힘없는 신인 배우입니다. 이 고통 속에서 벗어나고 싶습니다"라는 말이 담긴 문서(증언조서)와 리스트(증언리스트)를 남긴 채 의문의 주검으로 발견되었다. 윤지오는 동료 장자연의 죽음 이후 검경에 불려 가 13번 증언을 했지만, 장자연 사건의 진상규명을 요구하는 국민적 여론에 힘입어 2018년 11월에 캐나다에서 귀국하여 다시금 증언자로 나선다. 그러나 김모 작가가 SNS에 "윤지오 씨 말은 100% 진실일까요?"라는 포스팅을 한 이후, 윤지오의 증언은 신빙성을 의심받게 된다. 이윽고 윤지오에 대한 마녀사냥이 시작되었고 삶 전체가 혐오에 노출되었다. 변호사들, 기자들, 교수들 등 이른바 전문가 집단에 의한 혐오발언이 윤지오를 향하는 상황에서, 정치철학자 조정환은 그들의 주장을 논리적으로 반박하는 블로그 포스팅을 1년간 작성하며 대항했다. 그 과정은 이후 『증언혐오』와 『까판의 문법』으로 출간되었고, 2020년 인권연대가 선정하는 '올해의 인권책'이 되었다. 또한 〈탈진실 시대의 진실연대자들〉[7]이 만들어졌

---

　　ver?volumeNo=32144436&memberNo=50199176. 이하 두 단락의 내용은 이 글 및 『증언혐오』와 『까판의 문법』 소개 글을 참조하여 작성하였다.

고, 인스타그램-유튜브-트위터 캠페인 '복면증언'[8]이 시작
되었다.

　번역할 대상을 확정하지 못했던 2020년 당시, 세미나
를 하던 중에 4명이 함께 '복면증언'을 했던 날을 기억한다.
그날 복면을 쓰고 그들의 증언을 따라 읽으면서 '우리'는
연예 산업을 떠받치고 있는 성착취 권력 카르텔에 대해서,
아무리 외쳐도 들어주지 않는 힘없는 존재들의 억울함에
대해, 증언한다는 고통스러운 결단을 조롱과 멸시로 되돌
려주는 뻔뻔함에 대해, 여성이기 때문에 겪어야 하는 폭력
에 대해…, 말이 되지 못하는 그 온갖 고통에 대해 깊은
슬픔과 분노를 느꼈다. '우리'의 현실 속에서 장자연 사건
은 고통과 울분으로 찬 무수한 마녀들의 죽음 중 극히 일
부분이었을 뿐이었다. 어떤 비장한 결의 같은 것이 있었던
것은 아니었지만, '우리'는 뭔가 가만히 있을 수는 없다는
어렴풋하지만 선명한 느낌 속에서 조금씩 여러 문헌을 살
펴보기 시작했다.

　처음에는 현재 여성들의 상황과 저항적 활동을 보여

---

7. truthcommoners.net.
8. 인스타그램 @maskedtestimony.

줄 수 있는 인터뷰 모음집을 구상하기도 했다. 그래서 「모든 여성은 일하는 여성이다」라는 제목의 실비아 페데리치 인터뷰[9], 암살당한 쿠르드 정치인 헤브린 칼라프의 로자바 혁명에 대한 인터뷰[10] 등을 번역했다. 그러던 중 세미나 팀원 중 페데리치를 좋아하는 사람들이 대부분이었고, 2019년 말에 〈성적권리와 재생산정의를 위한 센터 셰어 SHARE〉가 만들어지는 것을 보면서 여성의 신체에 대한 새로운 사유가 필요하다는 생각에 『살의 경계 너머』를 번역 후보로 살펴보았다. 그 밖에도 출간된 그리고 출간 예정인 페데리치의 여러 저작들을 살펴보다가 현재 여성이 경험하고 있는 마녀사냥을 근본적으로 비판할 수 있는 내용을 담은 『우리는 당신들이 불태우지 못한 마녀의 후손들이다』와 만났다.

번역 진행 과정은 결코 순탄하진 않았다. 기본적인 이

---

9. Silvia Federici interviewed by Jill Richards., "Every Woman Is a Working Woman", *Boston Review*, 2018년 12월 19일 수정, 2023년 2월 18일 접속, https://www.bostonreview.net/articles/every-woman-working-woman. 한글 번역본은 다음 링크에서 볼 수 있다. https://bit.ly/3YNm832.

10. Azize Aslan, "Hevrin Khalaf and the spirit of the democratic nation", *ROAR*, 2019년 10월 24일 수정, 2023년 2월 18일 접속, https://roarmag.org/essays/hevrin-khalaf-interview/.

해를 돕기 위해 『캘리번과 마녀』, 『혁명의 영점』 등 페데리치의 대표작을 읽고 세미나를 했고, 최근의 페데리치 강연이나 인터뷰 등을 살펴보면서 이해를 다졌다. 특히 『우리는 당신들이 불태우지 못한 마녀의 후손들이다』에는 라틴아메리카, 인도, 아프리카 등의 저항적 활동을 보여주는 웹사이트, 논문, 영상자료, 활동 소개가 풍부했다. 참고 문헌의 서적과 링크를 살펴보면서, 차츰 라틴아메리카, 인도, 아프리카 여성들에게 가까워져 갔던 시간이기도 했다. 가나의 마녀 수용소(라는 이름을 달고 있지만 사실은 피난처), 인도의 지참금 살인에 반대하는 "Sit on" 시위, 토지에 대한 아프리카의 독특한 인식(사유권의 불인정)을 보여주는 논문, 멤버 중 한 명이 소개한 삼파 더 그레이트Sampa the Great의 파워풀한 노래 〈블루 보스〉Blue Boss는 지치기 쉬운 번역 과정에 큰 활기가 되었다.

이러한 활기는 2020년부터 2022년까지 한국 사회에서 일어난 마녀사냥들에 관심을 갖게 해 준 동력이기도 했다. #Metoo 운동뿐 아니라 마녀사냥과 관련된다고 생각하는 다른 사회 운동에 연명하거나 인터넷 시위 및 집회에 동참하는 등, '지금 여기'에서 일어나는 마녀사냥에 안테나를

세우고 저항활동에 함께 호흡하려고 노력했다. 낙태죄 폐지 운동, 가사·돌봄·사회화 공동선언문, 퀴어 퍼레이드, 사당역 스토커에 의한 20대 여성 살해사건 규탄, 외국인 보호소에서 독방에 갇히고 고문을 당한 M씨에 대한 연대 연명, 푸틴에 의한 전쟁을 피해 온 난민들을 국경에 구금한 한국 정부에 대한 규탄 등이 그것이다. 이러한 과정에서 번역 세미나 팀의 이름도 생겼다. 〈마감 마녀들〉Deadline Witches이다. 제각각 바쁜 삶에 치여 서로 마감을 지키지 못할 때가 많았지만, 그래도 반드시 이 책을 마감하자는 약속을 담았다.

번역은 네 명이 각 두 장씩 나누어 맡았지만, 초벌이 끝난 뒤 처음부터 번역을 다시 점검했다. 이 과정에서 처음에 번역한 문장이 그대로 남아 있는 경우는 드물었다. 거의 대부분의 문장을 뜯어고치는 과정에서 서로 다른 번역 스타일과 내용 해석으로 크게 부딪치기도 했다. 그럴 때마다, 때로는 유머를 섞어 서로를 닉네임으로 부름으로써, 때로는 다양한 논문과 참고자료를 근거로 한 논쟁을 통해서, 때로는 서로에 대한 믿음으로, 끝까지 번역을 마감할 수 있었다. 이 시간은 페데리치의 문장이 지닌 사유의 깊이를 맛볼 수 있는 시간이기도 했으며, 한국 사회에 그 사유와 활동이 어떻게 접합되어 갈 수 있을지를 고민하는 시간이기도 했고, 서로가 서로에게 영향을 미치며 변화되었던 시간이기도 했다고 믿는다.

특히 '우리' 〈마감 마녀들〉은 한국 사회의 여느 여성이나 마이너리티들이 그렇듯이 혐오를 일상적으로 겪으면서 성장해 왔고 살고 있었기 때문에, 번역어를 선택할 때에도 박해받는 '여성들'의 고통과 울분을 표현하려고 고심했고, 혐오적 뉘앙스가 없는 용어를 선택하기 위해 노력했다. 번역어 중 설명이 필요한 말에는 각주를 달아 두었지만 미처 설명을 붙이지 못한 것들도 있다. 예를 들면 '늙은' 대신에 '나이 든'이라고 표현했고, 성폭력을 조장하는 언론이나 자율성을 향한 여성의 열망을 성적 도발로 전락시키는 문화를 비판하는 부분은 원문에 충실하되 비판의 뉘앙스를 선명하게 했으며, 여성들의 자율적 저항을 번역할 때에는 그 활기를 전달하고자 했다. 한편 라틴아메리카, 아프리카, 인도의 예와 한국 상황의 차이 앞에서 번역어를 고심하기도 했다. 예를 들면 'Test-Tube'를 번역할 때에는 이 말을 '시험관 아기'라고 번역해도 괜찮을까에 대해서 논의했다.

한국에서 시험관 아기는 곧 시험관 임신이라고 이해되어 버리기 때문에 'Test-Tube'가 담고 있는 보다 광범위한 의미를 드러내지 못한다는 점이 고민이 되었기 때문이다. 결국 대안을 찾지 못하고 영어 원문을 붙여주는 것으로 귀결되었다. 이처럼 영어 원문을 붙인 몇몇 용어에는 이러한 고민이 담겨 있다.

예상했던 것보다 번역 마감이 늦어졌음에도 기다려주고 독려해 주신 갈무리 출판사와 프리뷰를 해 주신 박서연 님과 김미정 님, 책을 만들어주시는 인쇄·출판 노동자분들―사실 또 다른 우리인―, 번역·인쇄·출판 과정에 자원으로 활용된 비인간 존재들에게 마음 깊이 감사드린다.

〈마감 마녀들〉이 번역을 통해 다른 시공간의 마녀들과 접촉하고, 번역된 책들이 또 다른 마녀들과 만날 순간들이, 공동체적 관계와 앎을 파괴하고 날조된 적대관계를 만들어내는 마녀사냥에 저항하는 마법을 전해주고 길러내는 또 다른 순간들로 이어지길 바라본다.

재갈이 채워진 채 말하는 존재들이 전해준 이야기

이 책을 번역하는 과정은 책 안팎에서, 과거와 현재에서, 온갖 경계가 새로이 만들어지는 곳에서, 재갈이 채워진 채 말하는 존재들의 이야기를 듣는 시간이었다. 앞에서도 언급했듯이 2020년부터 2022년까지의 번역 기간은 우연히 팬데믹과 일치했다. 팬데믹 속에서 '여성'들은 가정 깊은 곳에 유폐되었고 더 많은 (성)폭력과 페미사이드에 노출되었다. 최근 여성 신체와 재생산 능력이 자본의 새로운 프런티어로 주목받게 되면서, 여성의 입뿐 아니라 신체 전체에 재갈이 물려 '임상노동'의 대상이 되어가고 있는 듯하다. 멜린다 쿠퍼 및 캐서린 월드비가 『임상노동』에서 언급한 것처럼, 불임수술, 대리모, 생체실험 등의 여성 신체를 활용한 노동은 "동의 후 책임없음"이라는 강요된 합의 하에 진행되는 여성의 재생산을 둘러싼 임상노동이다.[11]

채굴주의가 천연자원의 발굴과 착취로 환경과 공동체를 파괴하고 원주민을 이주시키면, 그렇게 뿌리 뽑힌 채 이식된 존재들은 뿌리를 내릴 자원을 박탈당한 채로 유일하게 남겨진 신체를 채굴주의의 대상으로 내어줄 수밖에

---

11. 멜린다 쿠퍼·캐서린 월드비, 『임상노동』, 한광희·박진희 옮김, 갈무리, 2022, 41쪽.

없다. 이는 현재 수많은 이주민, 난민, 여성, 동물 등이 노출된 노동이며, 그 노동의 계약 조건은 '동의 후 책임없음'이다. 즉 불임시술, 대리모, 생체 실험 등으로 인한 위험은, 그 어떤 안전에 대한 보장도 없이 임상노동의 대상이 된 신체가 고스란히 떠안게 된다. 이 새로운 마녀사냥의 형태에 어떻게 대응할 수 있을까?

이러한 문제의식 속에서 〈마감 마녀들〉의 번역과정은 모든 존재에게 신체와 성 그리고 재생산에 대한 결정권과 자율권이 주어져야 함을 호소하는 전 지구적인 활동과 공명하고 있었다. 〈셰어〉의 낙태죄 폐지를 향한 활동과 성과에 함께 기뻐했고, 여성의 낙태할 권리를 주장하는 아일랜드 활동가들이 낙태약을 드론에 실어 북아일랜드를 향해 날려 보냄으로써, 낙태를 금지하는 북아일랜드의 법 개정을 촉구한 활동과 접하기도 했다.[12] 그러나 희망적인 소식만 있었던 것은 아니었다. 마침 2차 번역을 탈고했던 2022년 말인 12월 28일, 낙태죄 폐지의 실질적 현실화를

---

12. 박효제, 「낙태합법화 운동가들, 낙태약 실은 드론 띄워… 왜?」, 『경향신문』, 2016년 6월 22일 수정, 2023년 2월 23일 접속, https://m.khan.co.kr/world/europe-russia/article/201606222000001#c2b.

위해 꼭 필요한 '유산유도제 도입 신청 철회'에 대한 규탄 집회를 접했다.

기자회견문에서 〈건강사회를 위한 약사회〉 이동근은 유산유도제의 허가는 여성들의 임신중지 권리를 보장하기 위해 반드시 필요한 것임에도, 식약처는 마치 전문성 있는 식약처가 건강을 위해 최선을 다하는 것처럼 언론 플레이만 했으며 산부인과의사회는 영미 다수 국가가 유산유도제에 대한 사용규제를 철폐하고 있음에도 "유산유도제의 위험성"과 같은 근거 없는 주장을 반복하고 있다고 강도 높게 비판했다. 〈셰어〉의 나영은 2021년 〈모두를 위한낙태죄폐지공동행동〉에서 실시한 임신중지 경험 실태조사를 기반으로, 여전히 안전한 임신중지가 불가능한 상황에서 후유증과 건강상의 어려움을 겪고 있음을 이야기하고 안전한 유산유도제의 도입을 촉구했다.

안전한 유산유도제 도입을 촉구하는 〈셰어〉를 중심으로 한 여러 단체의 활동은, 『우리는 당신들이 불태우지 못한 마녀의 후손들이다』에서 "기억을 엮는 사람들"이라고 묘사된 여성 공동체의 경험과 앎의 현대적 형태다. 재생산 권리를 위한 방법과 활동을 공론화하고 공동체를 유지하기 위한 집단적 앎과 기억을 전달해주는 존재들의 마법-앎이다. 식약처와 국회, 그리고 산부인과 학계는 법률과 절차를 빌미로 안전한 임신중지를 보장하지 않고 있다. 재생산 건강과 권리를 위한 유산유도제 도입을 촉구하는 여성들의 발화를 무시하고 원하지 않는 임신을 성적 문란함과 비정한 모성으로 낙인찍는 행태를 방치하는 마녀사냥은 중단되어야 한다. 이러한 마녀사냥으로 화형당하는 것은 원치 않는 임신으로 고통받는 여성의 신체뿐 아니라, 그들을 살아갈 수 있도록 지지하고 응원해주는 공동체적 관계 전체이다.

『우리는 당신들이 불태우지 못한 마녀의 후손들이다』는 현재에도 심화·증폭되고 있는 이 마녀사냥의 역사적 메커니즘을 규명함으로써, 인클로저의 새로운 프런티어로 부상한 여성의 신체, 여성의 재생산 능력, 더 나아가 비인간 동물의 재생산 능력에 대한 새로운 박해를 예고한다. 동시에 그 새로운 박해에 저항하는 여성-비인간 신체들이 공동체 안에서 유지해 온 경험과 지혜, 그리고 앎의 기술들을 풍부하게 제시해 준다.

재갈이 채워진 채로 전해진 존재들의 이야기가, 신체에

재갈이 채워지려는 순간들을 거부·거절하는 '여성−비인간 존재들'의 힘과 용기와 지혜를 북돋는 마법이 되길 바란다.

2023년 2월

마감마녀들

: : 인명 찾아보기

:: 용어 찾아보기